Este libro pertenece a:

PALABROTAS, y otros bla blá blás palabrejas

ALFAGUARA

Palabrotas, palabrejas y otros blablablás

Primera edición: abril de 2018

D. R. © 2018, Penguin Random House Grupo Editorial, S. A. de C. V.
D. R. © 2018, Editorial Otras Inquisiciones S. A. de C. V.
D. R. © 2018, María del Pilar Montes de Oca

D. R. © 2018, derechos de edición mundiales en lengua castellana:
Editorial Otras Inquisiciones, S. A. de C. V.
Pitágoras núm. 736, 1er piso
colonia Del Valle, delegación Benito Juárez, C. P. 03100,
Ciudad de México, tel. 5448.0430

D. R. © 2018, Penguin Random House Grupo Editorial, S. A. de C. V.
Blvd. Miguel de Cervantes Saavedra núm. 301, 1er piso,
colonia Granada, delegación Miguel Hidalgo, C. P. 11520,
Ciudad de México

www.algarabia.com
www.megustaleer.com.mx

Jovany Cruz Flores, por el diseño de cubierta
D. R. © 2018, iStockphoto, por la ilustración de cubierta

ISBN: 978-607-316-245-6

Impreso en India – *Printed in India*

El papel utilizado para la impresión de este libro ha sido fabricado a partir de madera procedente
de bosques y plantaciones gestionadas con los más altos estándares ambientales, garantizando
una explotación de los recursos sostenible con el medio ambiente y beneficiosa para las personas.

Penguin
Random House
Grupo Editorial

PALABROTAS, y otros bla bla blás
palabrejas

COMPILADO POR

Alejandra Santoy Sánchez

Presentación

Los libros para niños los conocemos bien, existen de muchos tipos: cuentos, de actividades, temáticos, enciclopédicos, para colorear... Muchos de ellos con hermosas ilustraciones, otros con fotos increíbles, por eso los encontramos fascinantes. Sin embargo, pocos libros se aventuran a tratar de reunirlo casi todo y se esfuerzan en deleitar los gustos variados de ese lector en potencia; aquellos que a pesar de lo elevado o trivial de un tema, lo presentan de una manera entretenida, divertida y con humor.

En Algarabía EDITORIAL decidimos hacer este libro para niños con las características antes mencionadas para que los lectores se adentren en su interior y se motiven a aprender algo nuevo. *Palabrotas, palabrejas y otros blablablás* pretende que los pequeños se apropien de su contenido: lo lean, lo relean, lo usen como consulta, como canal de entretenimiento y de conocimiento; pero sobre todo, que utilicen la información que aquí se les presenta, según sus gustos e intereses.

Estas páginas están inspiradas en un público exigente y respetable que, si bien le faltan algunos años de experiencia, es curioso, preguntón y, en muchos casos, un gran lector.

Los editores

¡Advertencia!

Al abrir este libro, puede que te pierdas y no sepas ni qué rayos significan los pequeños dibujos que se encuentran a un lado de cada palabrota, por eso te damos una breve explicación.

palabras domingueras

Son las que escuchas en las noticias o en la fila del cine, típicas de personas adultas, como «chafaldrana», de la cual hay de dos sopas: o la entiendes o no sabes ni con qué se come.

palabras de la abuelita

¿A veces piensas que tu abuelita utiliza palabras que sólo el ratón más viejo de la biblioteca puede entender? Pues bien, este tipo de palabras son demasiado viejas para este mundo tan moderno, como «fodongo».

blablablás

También llamadas tautónimos, están formadas por una misma sílaba que se repite dos o más veces. La mayoría de éstas suelen ser «onomatopeyas», pues imitan el sonido de un animal o de alguna cosa, como «tracatraca».

imposible de traducir

En todos los idiomas del mundo siempre existirá una palabra que no podría encontrarse en otro, debido a que existen emociones o costumbres que no se experimentan en ninguna otra cultura, como *gezellig*.

arabismos

Son palabras que provienen del idioma árabe y solemos utilizar mucho en español. Hace cientos de años, cuando los árabes trataban de conquistar la península Ibérica, emplearon palabras en su idioma que poco a poco se integraron al español, muchas las ocupamos actualmente.

nuevas palabras

Son aquellas que en los últimos tiempos han entrado en nuestro idioma. Muchas de ellas provienen del inglés, debido a que EE. UU. y México son países vecinos y a que muchos de los objetos que compramos o las canciones más populares que escuchamos, provienen de allá, como *arcade*.

nahuatlismos

Antes de la llegada de los europeos a América, había muchas culturas, entre ellas la de los mexicas, cuyo idioma era el náhuatl. Los conquistadores y los habitantes de nuestro territorio fueron entendiéndose, cuando el español y el náhuatl se mezclaron. Actualmente, muchas palabras vienen del náhuatl, como «escuincle».

Nota: Te retamos a que te preguntes «¿Qué significa?» en cada uno de los ejemplos que dijimos atrás —chafaldrana, escuincle, alberca, fodongo, *gezellig*, *arcade*, ASAP— y, si después de decir tu respuesta, buscas la definición en este libro y le atinas a todas, sabrás que eres muy sabiondo para esta maravillosa creación y que quizás no lo necesitas; en cambio, si al elegir una palabrota al azar le preguntas a un adulto su definición y el muy mentecato no puede responderla correctamente en el primer intento, quiere decir que tienes el deber de compartir tu inmensa sabiduría con él.

¡Ponte a prueba!

CATEGORÍA: verbo

abuelear

ORIGEN: del latín *avolus*, 'abuelo'.

Antes se decía que un niño había *abueleado* cuando se parecía a alguno de sus abuelos. Pero ahora *abuelear* es un verbo que se usa cuando se ve a alguien joven hacer las cosas con flojera, sin ganas de jugar o de divertirse.

¡Osh! Ya estás **abueleando...** ¿Cómo que no quieres venir a mi casa a jugar videojuegos?

CATEGORÍA: sustantivo

aceite

ORIGEN: del árabe *az-zait*, 'jugo de aceituna'.

Es esa cosa que encuentras como ingrediente principal para freír algo o también ésa de la que está impregnada la cadena de tu bicicleta. ¡No te espantes! El primer tipo viene de distintas semillas, como las almendras, o frutas, como el coco o la aceituna. ¿Acei –te, acei –tuna? ¿Coincidencia?...

¡Mmm! ¡El huevo revuelto con **aceite** de coco sabe riquísimo, tía!

achicopalar

ORIGEN: del náhuatl *achi-*, 'poco', y *–kuepa/kop*, 'vaciar', 'voltear', 'verter', o del latín *ciccum*, 'cosa de poco valor'.

En esos momentos que ni las cosquillas de tu mamá pueden hacerte reír, es cuando debes utilizar esta palabra, que quiere decir que te sientes desanimado y triste por alguna razón. Esta sensación se parece a la del peso de un elefante sobre de ti, que no te deja mover ni un pie.

No te **achicopales,** la maestra sólo quería que leyeras bien el poema.

achichincle

ORIGEN: del náhuatl *atl*, 'agua', y *chichinqui*, 'el que chupa'.

Seguro en tu salón nunca falta el niño que le borra el pizarrón al maestro o reparte las copias a toda la clase. Si sientes que él es el favorito de la maestra, ¡no te confundas!, sólo es el *achichincle*; es decir, su ayudante. Antiguamente se llamaba así a los hombres que ayudaban a sacar el agua de las minas.

El **achichincle** de la maestra siempre se la pasa anotando en una lista a los que platican en clase y me cae muy gordo.

a b c ch d e f g h i j k l m n ñ o p q r s t u v w x y z

ageashi

ORIGEN: japonés, significa 'encontrar el error o la falla'.

¿Te has encontrado en la clase con esos niños que hablan hasta por los codos sin que les importe un comino si se equivocan en lo que dicen? Pues bien, los japoneses desconfían de la gente así porque ellos siempre esperan decir lo correcto en el momento adecuado, es por eso que inventaron esta palabra.

Hablaba hasta por los codos y no había manera de callarle... Era un caso típico de **ageashi.**

aguafiestas

ORIGEN: del verbo y el sustantivo *aguar* y *fiesta*, 'echarle agua a la fiesta'.

Así se le llama a alguien que interrumpe o arruina alguna actividad divertida. Por ejemplo, el chistosito que te cuenta el final de la película que no has visto.

¡Eres un **aguafiestas**! ¿Pa' qué le recordaste a mamá que estábamos castigados?

ajolote

ORIGEN: del náhuatl *atl*, 'agua', y *Xolotl*, personaje fantástico de la mitología tolteca y mexica, capaz de adoptar la forma que quisiera para alejarse de la muerte.

No es rana ni sapo y tampoco brinca, pero sí es anfibio, además tiene cola que le pisen y tres pares de branquias súper extrañas que adornan su cabeza como si fuera una corona. Tiene el poder de regenerar cualquier parte que llegara a perder de su cuerpo.

Yo no sabía que existían los **ajolotes,** pero en Xochimilco, Marianita casi pisa uno.

a b c ch d e f g h i j k l m n ñ o p q r s t u v w x y z

alacrán

ORIGEN: del árabe *al-qrab*, 'el escorpión'.

Es un animal que forma parte de la misma familia de las arañas. Es invertebrado —es decir, no tiene columna vertebral—, tiene cuatro pares de patas, dos tenazas y una cola que termina con un aguijón que puede ser venenoso. Si te encuentras con uno, por si las dudas, no te acerques y ¡COOORREEE!

A Marco le picó un **alacrán,** por fortuna existe un antídoto perfecto y ya no está en peligro.

alberca

ORIGEN: del árabe *al-birkah*, 'el charco'.

Seguro amas las albercas tanto como la gente que vive en zonas donde hace mucho calor, pero te sorprenderá saber que los habitantes del Medio Oriente la inventaron no precisamente para refrescarse, sino para almacenar agua y regar sus sembradíos, pues cuando no llueve, su territorio es muy seco.

Este verano estaré en la **alberca** todo el día y no me importará que mis dedos se conviertan en pasa.

alcahuete

ORIGEN: del árabe *al-qawwád*, 'el mensajero'.

Es un adulto que oculta todas tus travesuras y cumple tus caprichos. Este espécimen regularmente es nuestro abuelito o tío favorito, pero ¡aguas!, están en peligro de extinción, así que debes cuidarlos más que a tu juguete favorito.

¡Ni creas que seré tu **alcahueta** otra vez! Le diré ahora sí a tu mamá que no te comiste el brócoli.

alcancía

ORIGEN: del árabe *alkanzíyya*, 'el tesoro'.

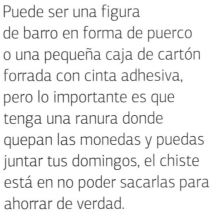

Puede ser una figura de barro en forma de puerco o una pequeña caja de cartón forrada con cinta adhesiva, pero lo importante es que tenga una ranura donde quepan las monedas y puedas juntar tus domingos, el chiste está en no poder sacarlas para ahorrar de verdad.

La cabeza de mi primo parece **alcancía** de tantas descalabradas que se ha hecho.

a
b
c
ch
d
e
f
g
h
i
j
k
l
m
n
ñ
o
p
q
r
s
t
u
v
w
x
y
z

algarabía

ORIGEN: del árabe *arabiyyah*, 'lengua árabe'.

Es un montón de personas hablando al mismo tiempo y que no se les entiende ni pío; el momento preciso en que ninguno de los niños pone atención a la *miss* y se la pasan gritando o también cuando todos quieren decir diferentes respuestas a la vez.

La **algarabía** se soltó en el salón cuando la miss preguntó quién quería ser el maestro de ceremonia.

algodón

ORIGEN: del árabe *al-qutún*, 'el algodón'.

El *algodón* parece una bola de telarañas, pero más suavecito y menos pegajoso. Viene de la planta con el mismo nombre y con él se pueden hacer hilos para fabricar telas o bolitas a las que les pones alcohol para curar tus heridas. Este tipo es diferente al que venden en las ferias que es de colores y se puede comer, el cual también parece hilo de araña.

Mi dulce favorito es el **algodón** de azúcar color azul porque te pinta la lengua.

apachurrarse

ORIGEN: del náhuatl *patzoa*, 'apretar, ablandar'.

Es sentirse profundamente triste como un juguete roto o tener el alma lluviosa. De la misma forma que *apapachar,* esta palabra viene del náhuatl *pahpatzoa,* que significa ablandar, apretar o presionar; pero en este caso es el corazón el que se apachurra y lo que nos hace sentir así.

Mi primo anda **apachurrado** porque su mamá no ha regresado de viaje.

apapachar

ORIGEN: del náhuatl *pahpatzoa*, 'ablandar la fruta con los dedos'.

Se cree que puede venir de la palabra náhuatl *pahpatzoa*, que significa «ablandar la fruta con los dedos» o «sobar una fruta». También es posible que se derive de *pachoa*, que significa «apretar o acercar algo a uno mismo». *Apapachar* es tratar al otro de forma delicada, mostrar amor, consentir y consolar.

Mamá, ¿me puedes **apapachar?** Estoy muy triste.

a b c ch d e f g h i j k l m n ñ o p q r s t u v w x y z

argüendero

ORIGEN: de *argüir* y éste del latín *arguere*, 'argumentar'.

Es esa vecina que siempre se mete en lo que no le importa y te acusa con tu mamá de haberle dado un balonazo a la ventana de la casa que ni está en tu colonia; o ese señor de enfrente que todos los días se la pasa reclamándole a tus papás hasta porque el cielo se ve más azul o porque las flores huelen más rico.

Mi vecina Doña Pelos, la **argüendera,** nunca se cansa de armar el chisme.

CATEGORÍA: acrónimo

ASAP

ORIGEN: del inglés *as soon as possible*, 'tan pronto como sea posible'.

La puedes utilizar en mensajes escritos en celular o mientras juegas para decirle a tu amigo que enseguida harás la instrucción que te dio.

—¡Oye!, cúbreme porque voy a derribar la siguiente puerta.

—Entendido. **ASAP,** los policías de aquí me dejen en paz.

CATEGORÍA: sustantivo

atole

ORIGEN: del náhuatl *atolli*, 'atole'.

No sólo se quedó la palabra hasta nuestros días, sino también la receta de esta deliciosa bebida —que tiene tantos sabores: vainilla, arroz, cajeta y por supuesto, nuestro favorito, ¡chocolate!—, la cual, desde épocas muy lejanas se hacía a base de maíz. Actualmente, en los puestos de tamales puedes encontrarla hecha sólo con leche.

Mamá, el **atole** que me serviste está hirviendo, no he podido darle ni un trago.

a b c ch d e f g h i j k l m n ñ o p q r s t u v w x y z

atolondrado

ORIGEN: del sustantivo *torondo*, 'chichón', y éste del latín *turunda*, 'bollo o buñuelo'.

A veces podrías sentirte así los lunes después de haber estado bajo el sol durante la ceremonia, y no captas absolutamente ningún chiste que te cuentan tus amigos, o también cuando te has dado un golpe tremendo en la cabeza, al punto de ver estrellitas. Es como si fuera una película en cámara lenta y no entiendes nada de lo que pasa.

Sebas quedó bien **atolondrado** después de rodar por las escaleras.

avatar

ORIGEN: del sánscrito *avatarâ*, 'reencarnación de un dios en un hombre'.

Es una representación de ti mismo, creado según las características que quieras, regularmente lo utilizas para poder jugar videojuegos en línea.

¿Por qué elegiste el **avatar** de una cucaracha con sombrero y bigotes, si no se parece a ti? Bueno, sí, poquito.

a b c ch d e f g h i j k l m n ñ o p q r s t u v w x y z

azúcar

ORIGEN: del sánscrito *sarkara*, 'azúcar'.

¡El mejor invento que los árabes pudieron hacer! ¿No es así? Bueno, al menos eso piensan los dentistas porque son los que curan las caries causadas por todos los caramelos que te comiste. El *azúcar* a veces se obtiene de las cañas y sirve para hacer más dulces los alimentos.

Mi mamá siempre me dice que si le pongo azúcar a la leche, se me picarán los dientes, pero no me gusta tomármela sola.

a
b
c
ch
d
e
f
g
h
i
j
k
l
m
n
ñ
o
p
q
r
s
t
u
v
w
x
y
z

El último en llegar es «un huevo podrido».

Gritas esta frase cuando quieres organizar unas carreritas y para que todos pongan su mejor empeño.

baba

ORIGEN: del latín *bavōsus*, 'bobo'.

Es el nombre que das al líquido que sale de tu boca cuando te quedas profundamente dormido o tienes antojo de comer unos pepinos con chile.

Al bebé se le sale mucho la **baba** porque le están saliendo los dientes.

balde

ORIGEN: del árabe *batil*, 'vano' o 'inútil'.

¿Has sentido que algunas veces, aunque pongas mucho empeño en realidad no sirve de nada? Eso es hacer algo en *balde*, o sea, en vano.

Parece que todo lo que estudié el fin de semana fue en **balde.** No hubo examen de ciencias este lunes.

berserk

🔊 /brserk/

ORIGEN: probablemente del nórdico *ber*, 'oso', y *serkr*, 'falda'.

Puedes utilizar esta palabra cuando alguien es peligroso o violento. Hacia el siglo IX los vikingos la empleaban para referirse a sus compañeros más fuertes, enojones y bravos, quienes se protegían con pieles de oso en lugar de usar armaduras, lo cual los hacía asemejarse un poco a la furia sanguinaria de estos animales.

Si tu papá se entera que no pasaste la prueba de piano, se va a poner **bersek** y no te comprará la patineta que le pediste hace un mes.

a b c ch d e f g h i j k l m n ñ o p q r s t u v w x y z

BFF

🔊 /bi-ef-ef/

ORIGEN: de las siglas en inglés *best friend forever*, que significa 'mejor amigo por siempre'.

Es la sigla que utilizas para referirte a alguien que siempre estará contigo. Puede ser tu amigo favorito de la escuela o hasta tu mascota. Es aquel al que le cuentas tus secretos y lo invitas a tus aventuras en el parque.

Mi **BFF** se irá a vivir a Nueva York cuando salgamos de la primaria. La extrañaré mucho.

bibliófilo

ORIGEN: del griego *biblion-*, 'libro', y *philos*, 'amor'.

Es aquella persona a la que le gusta guardar o coleccionar cientos de libros. Puede comprarlos viejos o nuevos, hasta podría forrar todas las paredes de su casa con libros. ¿Sabías que cuando el papel envejece, empieza a oler a vainilla?

El libro salvaje trata de un niño llamado Juan, quien va de visita a casa de su tío, el bibliófilo.

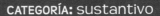

bizarro

ORIGEN: del italiano *bizzarro*, 'valiente', 'generoso', y del francés *bizarre*, 'extraño', 'raro'.

Esta palabra puede significar dos cosas, dependiendo del origen que elijas. Del italiano, es porque quieres decir que alguien es valiente, generoso y espléndido. Del francés —y, por cierto, es la que más utilizamos actualmente—, se usa para definir algo raro, extraño, curioso.

Mira a ese **bizarro** caballero, con su brillante armadura.

biznaga

ORIGEN: del náhuatl, *huitz-náhuac*, *huitztli*, 'púa' y *náhuac*, 'cerca, próximo a'.

Es un cactus redondo proveniente de los ecosistemas áridos del continente americano, y que no crece más de 30 cm, ni de altura ni de diámetro, pero sus espinas son curvas y más gruesas y filosas que un alfiler. En México son muy importantes porque desde la época prehispánica se elaboraba el delicioso dulce de acitrón, que puedes probar en la rosca de Reyes.

Durante el recorrido en carretera, vimos muchos cerros plagados de **biznagas.** Dice mi mamá que están en peligro de extinción.

a b c ch d e f g h i j k l m n ñ o p q r s t u v w x y z

bledo

ORIGEN: es el nombre de una planta, proviene del latín *blitum*, 'bledo'.

Cuando utilizas esta palabra es cuando te da «mñeh» hacer o no hacer algo; sin embargo, hace muchos años utilizaban esta planta para hacer tés, pero como no sabía a casi nada, comenzaron a usarla como sinónimo de algo que carecía de valor.

Me importa un **bledo** que me digas que no lo volverás a hacer. Ya no te creo.

blogger

 /blóuguer/

ORIGEN: del inglés *blog*, 'bitácora', y con la terminación *–er*, 'escritor de bitácoras'.

Es la persona que dice cosas en internet, ya sea escribiéndolas en una página web o subiendo videos —a estos últimos se les llama *youtubers* o *vloggers*, por la combinación entre video y blogger—. Puede que se la pase hablando sobre cómo puedes pasar a un nuevo nivel de un videojuego, cómo preparar postres como un delicioso pay de limón, o cómo aprender a tocar algún instrumento musical.

Mis **blogs** favoritos son en los que cuentan historias de terror.

bobo

ORIGEN: del latín *balbus*, 'tartamudo'.

Es alguien torpe que se la pasa haciendo chistes sin gracia o diciendo cosas que no tienen sentido. Muchas veces puede confundirse con una persona que se equivoca mucho.

Eres un **bobo,** no debiste prestarle tus colores a esa niña. Nunca los regresa.

BRB

◀)) /bi-ar-bi/

ORIGEN: son las siglas de la frase en inglés: *be right back,* 'vuelvo enseguida'.

Se utiliza en mensajes escritos para avisar que ahorita regresas. Lo puedes ver mucho cuando te comunicas mientras estás jugando en línea o en algún chat.

Mi mamá me habla para cenar. **BRB.**

a b c ch d e f g h i j k l m n ñ o p q r s t u v w x y z

bribón

ORIGEN: del español *briba*, 'holgazanería', 'flojera', y ésta del español antiguo *blibia*.

Es una persona que se sale con la suya por medio de la mentira o el abuso. Por eso, un bribón es un flojo que tratará de tomar las cosas de la manera más fácil antes que esforzarse y obtenerlas.

Esa niña con la que te juntas es una **bribona...** Te va a quitar el sándwich en el recreo.

bully

🔊 /búli/ buleár/

ORIGEN: del inglés *bully*, 'bribón'.

Ambos términos se refieren a alguien malvado y a la acción de hacer maldades hacia otras personas, regularmente son niños a los que les resulta difícil defenderse. Es un acto muy malo, que tiene consecuencias graves para la víctima.

Ayer defendí a un niño al que molestaba un grupo de **bullies.** Casi le hacen calzón chino, pero los distraje y el niño pudo salir corriendo.

byebye

🔊 /bai-bai/

ORIGEN: del inglés *bye*, 'adiós'.

Es la expresión que utilizas para despedirte de alguien. En lugar de decir *goodbye*, sólo se dice así y suena más amigable, ¿no lo crees?

¡Nos vemos mañana, **byebye**!

a b c ch d e f g h i j k l m n ñ o p q r s t u v w x y z

¿Me das mi domingo?

Con estas palabras mágicas y una cara sonriente puedes pedir a tus abues o a tus padrinos que te regalen un poco de dinero, verás que sacaran su billetera inmediatamente.

cabizbajo

ORIGEN: de la mezcla de las palabras *cabeza* y *abajo*.

Es cuando uno se siente triste o decepcionado por algo, pues ¿no es cierto que cuando sueles sentirte así, agachas la cabeza con tal de que nadie note tu dolor?

Desde que corrieron a mi papá del trabajo, lo he visto todos los días **cabizbajo.**

cacahuate

ORIGEN: del náhuatl *tla-cacáhuatl*, *tlalli*, 'tierra' y *cacáhuatl*, 'cacao'.

Es una semilla que viene envuelta en una cáscara un poco dura. Para que puedas comerlo, no porque sea venenoso, sino porque sabe más rico, la gente lo tuesta en comales. Es un ingrediente muy importante en las recetas mexicanas porque con él hacen moles, salsas y algunos guisados, pero, por lo general, se comen solos o con chile y limón.

Mi papá es alérgico a los **cacahuates.** El otro día pidió mole, preparado con **cacahuates,** y sus ojos se le hincharon.

cacomixtle

ORIGEN: del náhuatl *tlaco*, 'mitad', y *miztli*, 'felino'.

Imagínate a un animal con cara de gato, ojos negros de ardilla, cuerpo de hurón gordo, cola esponjosa y orejas de mapache, astuto y ágil como un zorro. Pues, aunque no lo creas, existe, es un miembro de la familia *Procyonidae,* a la que también pertenecen los mapaches.

En la calle de Celestún vivían, bajo un montón de piedras volcánicas, un cacomixtle y un tlacuache, ambos comían huevos que robaban de las casas.

cachivache

ORIGEN: incierto.

Cuando escuches a tu mamá decir: «¡Recoge tus cachivaches!», se está refiriendo a que recojas los colores que regaste en la mesa o los juguetes que dejaste botados en tu cuarto; es decir, tus cosas. En años muy pasados, esta palabra la utilizaban para referirse a una cosa vieja, generalmente un trasto viejo o roto en la cocina.

Me choca mi hermana porque siempre deja sus cachivaches regados en mi cuarto.

a b c ch d e f g h i j k l m n ñ o p q r s t u v w x y z

cafuné

🔊 /ká·funé/

ORIGEN: del portugués *cafuné* y ésta del kimbundu *kifuné*, 'producir sonidos con los dedos en la cabeza de otra persona'.

Es la acción de rascar la cabeza de alguien más, ya sea para expresar amor o arrullarlo. Dicho de otra manera, es cuando tus papás te hacen «piojito» para que puedas dormir.

Hazme cafuné y te juro que me quedo quietecita todo lo que resta del día.

calamidad

ORIGEN: del latín *calamĭtas*, 'golpe' o 'daño'.

Es una persona molesta. La típica tía que no te deja en paz y te pellizca los cachetes.

¡Ay, el niño con el que me tocó sentarme en el transporte escolar es una calamidad!, siempre se la pasa aventándome bolitas de papel con baba.

camote

ORIGEN: del náhuatl *camohtli*, 'camote'.

Es un tubérculo; es decir, una planta con un tallo muy gordo que crece bajo tierra —como las zanahorias y las papas—, nuestras abuelas suelen prepararlo con mucho piloncillo y agua para comerlo a la hora del postre. Esta raíz también la usan para hacer dulces típicos mexicanos como los que venden en el estado de Puebla.

Cada vez que pasa el carrito de los **camotes,** sé que es la hora de meterme a bañar porque viene por ahí de las 7 de la noche.

cancán

ORIGEN: del francés *cancan*, 'escándalo, chismorreo'.

Es un tipo de baile que proviene de Francia, el cual se volvió muy famoso hace muchísimo tiempo durante el siglo XIX. Seguro lo has visto alguna vez en festivales especiales de la escuela, pues en él un grupo de personas bailan tomándose de los hombros y dando pequeños brincos y patadas al aire.

El año pasado bailamos **cancán** para el festival del Día del maestro y usé un vestido lleno de holanes.

a b c ch d e f g h i j k l m n ñ o p q r s t u v w x y z

candil

ORIGEN: del griego *kandela*, 'vela'.

Es una lámpara que en tiempos remotos utilizaban nuestros tataraabues para alumbrar sus casas. Podían ser de vidrio o metal, pero el chiste es que pudieran sostener una vela sin que se quemaran las manos. Actualmente, puede que todavía encuentres candiles, pero funcionan más como adorno.

Mi tío-abuelo nos contó que, cuando era niño, todos le temían a la llegada de la noche porque el viento podía apagar los **candiles** y dejar a todos en total obscuridad.

césped

ORIGEN: del latín *caespes*, 'césped'.

Es el pasto, una hierba de color verde que cubre muchos jardines y parques. Es como una alfombra que adorna el suelo, pero en este caso recubre la tierra y es natural. Muchas veces podemos llegar a ser alérgicos, debido a los diminutos pelos que apenas y se le pueden ver, pero vaya que se sienten después de la comezón que te ocasiona.

Me encanta rodar por el **césped** con mis amigos y después contar quién tiene más ronchas.

cochino

ORIGEN: del náhuatl *cochini*, 'dormilón'.

Es un animal mamífero que seguro conoces, el cual desde hace muchos años fue domesticado por los humanos. Vive en las granjas —en un corral, mejor conocido como chiquero— y puede quedarse dormido durante horas en el lodo. ¡Exacto! Es un puerco. ¡Oink, oink!

Deberías levantar tu cuarto, parece que duermes en un corral de **cochinos.**

a b c ch d e f g h i j k l m n ñ o p q r s t u v w x y z

combo

🔊 /kómbo/

ORIGEN: se dice que viene del inglés *combination*, 'combinación'.

Es cuando en un videojuego haces más de dos trucos seguidos. También lo puedes usar cuando, en los negocios de comida, quieres pedir tres o más cosas por un precio más barato.

Fuimos al cine y mi tío me compró el **combo** más padre.

---

cuate

ORIGEN: del náhuatl *coatl*, 'culebra' o 'mellizo'.

Hay de dos sopas para esta palabra: o la usas para referirte al hermano gemelo de algún compañero, o bien, a tu mejor amigo, aquel que conoces desde el kínder o que simplemente no necesita ser tu hermano para que lo quieras como tal, un mellizo.

Mi nueva vecina es mi **cuata** desde que se cambió al barrio en donde vivo. Es buena onda.

cucú

ORIGEN: por el sonido de un pájaro.

Se le dice así a algunos relojes, los cuales, cada vez que marcan la hora sale de una casita un pajarito que dice ¡*cucú*! varias veces. También le puedes decir así a una persona que perdió un tornillo y se ha vuelto loco: «¡Tú estás *cucú*!».

No me podía concentrar en mis clases de piano porque el **cucú** de la maestra se descompuso y no dejaba de sonar.

a
b
c
ch
d
e
f
g
h
i
j
k
l
m
n
ñ
o
p
q
r
s
t
u
v
w
x
y
z

¡sepa la bola!

Esta expresión se utiliza para decir «yo no sé» cuando alguien te pregunta algo. En los tiempos de la Revolución Mexicana existían grupos callejeros en contra de Porfirio Díaz en los que se mezclaba gente de todo tipo y se les llamaba «la bola», así, cuando ocurría algún suceso, todos acusaban a «la bola» para librarse de culpas.

chachachá

ORIGEN: por la imitación del ritmo de este género musical.

Es un tipo de baile que se inventó en Cuba a inicios del siglo xx y que los papás de tus abuelos bailaban con mucha emoción. Tiene un ritmo muy pegajoso y divertido, pero un tanto lento para el que ahora estamos acostumbrados con las nuevas canciones de *pop* y *rock*.

Cuando iba en segundo de primaria, para el Día de las madres nos hicieron bailar **chachachá** y a todos los abues que fueron les encantó.

chamaco

ORIGEN: tal vez del náhuatl *chamahua*, 'crecer' o 'madurar'.

Es la forma en que los adultos llaman a cualquier niño. Casi siempre lo hacen cuando se enojan por algo o porque alguien desobedeció alguna instrucción.

¡**Chamaco** grosero! No le llames «cabeza de cebolla» a tu abuelita.

CATEGORÍA: adjetivo

chamagoso

ORIGEN: del náhuatl *chiamahuia*, 'algo está embarrado con aceite de chía'.

Si escuchas a tu abuelita llamarte «chamagoso», seguramente quiere decir que traes la cara mugrosa o que tu suéter está mal puesto. Hasta los papás de tus abuelos utilizaban esta palabra para decir que algo estaba sucio o mal acomodado.

¡Quita el lodo de tus zapatos, niño **chamagoso**!

CATEGORÍA: verbo

chatear

ORIGEN: del inglés *chat*, 'charla'.

Cada vez que te comunicas con tus amigos por medio de mensajes de texto en el celular o la computadora, estás «chateando».

Ma', dame un segundo que estoy **chateando** con mi compañero de la escuela para que me pase la tarea de matemáticas.

a
b
c
ch
d
e
f
g
h
i
j
k
l
m
n
ñ
o
p
q
r
s
t
u
v
w
x
y
z

chichicuilote

ORIGEN: del náhuatl *tztzicuiltic*, 'delgado', y *huilotl*, 'paloma'.

Es un pájaro de color gris con blanco que se caracteriza por tener piernas muy largas y delgadas para su tamaño tan pequeño; sin embargo, esta palabra se utiliza precisamente por eso, para decirle a alguien que sus piernas son muy flacas.

Cada vez que usas pantalones cortos se te ven tus piernas de **chichicuilote.**

chido

ORIGEN: del gitano *chiro*, 'resplandeciente'.

En México usamos esta palabra para expresar que algo nos gusta mucho o que es bonito. También se usa para referirse a una persona amigable y para decir: «estoy de acuerdo».

¡Mira, esa bicicleta con foquitos está bien **chida**!

chilpayate

ORIGEN: del náhuatl *tziptl*, 'niño'; *chiple*, 'chípil'; y *áyatl*, 'cobija en la que se carga al bebé'.

Es una de las formas en que muchas mamás llaman a sus hijos. En sí, se refiere a un bebé casi recién nacido y que aún deben cargar.

Dice mi tía Cuca que, aunque sean siete, ella no descuida a sus **chilpayates** por nada.

chipichipi

ORIGEN: porque suena como se dice o se dice como suena.

La lluvia, cuando cae despacito y sin pausa, causa esa sensación de algo que se repite, gota a gota. Un *chipichipi* puede durar todo un día y toda una noche, y hasta nos puede impedir que salgamos a jugar al patio o al jardín.

Ya pueden salir a jugar, que por fin paró el **chipichipi.**

chípil

ORIGEN: del náhuatl *tzípitl*, 'niño que desea que lo consientan'.

Antes de la llegada de los españoles, esta palabra se usaba para señalar a un niño que estaba intranquilo y exigía más atención de su madre cuando ella estaba embarazada. *Chípil* sólo existe en el español, y define a una persona sensible, triste o que por la razón que sea, quiere recibir cariñitos.

¡Ay, no te pongas **chípil** sólo porque tu papá te regañó, sabes que yo te quiero!

chiripa

ORIGEN: del quechua *chiripac*, 'suerte'.

Es algo que en el último momento y en el menos esperado tiene un buen resultado. Esta palabrota se usa en el juego de billar cuando alguien gana, no porque sea bueno, sino por pura suerte. En algunos lugares de Latinoamérica significa 'pequeña cucaracha'. ¡Qué asco!

En el último minuto metimos el gol de **chiripa,** y eso porque el delantero del equipo contrario se tropezó.

chivearse

ORIGEN: del español *chivo*, cría de la cabra.

Quiere decir que te causan vergüenza ciertas cosas, como cuando tu abuelita te dice frente a todos que eres su niño consentido, aunque ya tengas más de 8 años, o cuando la señora de la esquina te dice que eres muy guapo o la niña más bonita de todos.

¿M'ijito, por qué te **chiveas** cuando te digo que eres el niño más pechocho de mis ojos?

a
b
c
ch
d
e
f
g
h
i
j
k
l
m
n
ñ
o
p
q
r
s
t
u
v
w
x
y
z

CATEGORÍA: sustantivo / adjetivo

CATEGORÍA: sustantivo

chocho

ORIGEN: del mozárabe šóš, y éste del latín *salsus*, 'salado', porque antes los chochos eran de este sabor.

Son diminutas bolas de azúcar —muchas veces no miden más de dos milímetros—, sirven para adornar pasteles, porque son de múltiples colores. También la puedes escuchar cuando quieren decir a una persona que está muy vieja.

Me gusta cenar leche y panqué con cubierta de chocolate y **chochitos** de colores.

chongo

ORIGEN: del náhuatl *tzontli*, 'cabellos'.

Muchas abuelitas con cabello largo suelen agarrarlo y hacer con él una bolita que sujetan en la parte superior de su cabeza, ya sea con un listón o muchos pasadores. Es una manera que las mujeres eligen para peinarse.

En mis clases de ballet nos exigen venir peinadas con **chongo,** de otra forma no dejan entrar a nadie.

chorlito

ORIGEN: del vasco *txoria*, 'el pájaro'.

Seguro has escuchado esta palabrota en la frase: «¡Tienes cabeza de *chorlito*!». Pues bien, quiere decir que alguien es tonto o despistado, y es que los chorlitos son pequeños pájaros que viven en las playas, los cuales se caracterizan por hacer sus nidos en lugares muy accesibles para los depredadores; lo más chistoso es que cuando construyen su hogar suelen olvidar en dónde lo hicieron, así que deben volver a hacer otro y otro.

Empiezo a sospechar que tienes cabeza de **chorlito,** otra vez dejaste los lentes en la casa de tu amigo.

a b c **ch** d e f g h i j k l m n ñ o p q r s t u v w x y z

¡Ya nos cayó el chahuiztle!

Quiere decir que ya llegó alguien que nos parece molesto e incómodo, o que atrae la mala suerte. El *chahuiztle* es un hongo que ataca al maíz y al trigo, haciendo que la cosecha muera. Por eso se relaciona con un mal que le cae a alguien.

dado

ORIGEN: del árabe *a'dād*, 'los números'.

Es un cubo, es decir, una figura de seis lados cuadrados, que casi siempre se usa en los juegos de mesa como Serpientes y escaleras o Turista mundial. También puedes utilizarlo para decidir quién tendrá el primer turno en cualquier otro juego.

Cuando tiré los **dados** me salió el 5, por eso pude llegar a la meta.

deck

ORIGEN: del inglés *deck*, 'cubierta'.

Se refiere a la cantidad de cartas que tienes en tu mano —de cualquier juego: intercambiables, monstruos, magos o jugadores de futbol— y con las cuales puedes crear tu propia estrategia para ganarle a los demás contrincantes.

Voy a presumirle a todos mi nuevo **deck** de monstruos.

CATEGORÍA: sustantivo

déjà vu

🔊 /deiia-bú/

ORIGEN: del francés, 'ya visto'.

Es cuando tienes un falso recuerdo de que lo que estás viviendo en un momento determinado, ya había pasado antes.

En medicina recibe el nombre de paramnesia y es común que les pase a los adultos cuando están cansados o nerviosos.

Cuando entré a la cocina tuve un **déjà vu,** estaba seguro de que mi tío ya había servido mi cereal.

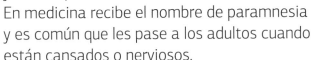

CATEGORÍA: verbo

desconchinflar

ORIGEN: incierto.

Significa que algo se descompuso, un juguete o un aparato electrónico. También puedes utilizar esta palabrota cuando tuviste algún accidente y sufriste una fractura que no te permitirá mover esa parte de tu cuerpo.

Me **desconchinflé** la pierna y ahora no puedo ir a mi entrenamiento de volibol.

a b c ch d e f g h i j k l m n ñ o p q r s t u v w x y z

díscolo

ORIGEN: del griego *dýskolos,* 'de trato difícil', 'enojón'.

Se usa para referirse a una persona tacaña y coda, aquella que no le gusta compartir nada; también puedes emplearla para decirle a alguien que es gruñón o que siempre se intensea por todo.

Tengo un tío **díscolo:** fuimos a la tienda y no quiso dispararme ni un chocolate.

diván

ORIGEN: del árabe *dīwān,* 'archivo'.

Es un mueble similar a un sillón, pero la diferencia es que la forma del diván te permite estar recostado cómodamente, evitando que te lastimes el cuello o la cabeza mientras lees o usas un videojuego. Además no tiene respaldo.

Lo que me gusta de la oficina de mi mamá es que tiene un gran **diván** donde puedo recostarme y leer mis cómics.

dodó

ORIGEN: incierto.

Era un pájaro, predecesor de las palomas que se caracterizaba por su enorme pico, fue visto por última vez en el año de 1662, habitaba únicamente las islas Mauricio, en el océano Índico. Se cuenta que cuando los europeos llegaron a conquistar esa zona, llevaron consigo cochinos, gatos, perros y otras especies que se volvieron los depredadores de esa ave.

El **dodó** seguramente era hermoso y delicioso. Por eso lo cazaron hasta que se extinguió.

a
b
c
ch
d
e
f
g
h
i
j
k
l
m
n
ñ
o
p
q
r
s
t
u
v
w
x
y
z

doolally

🔊 /duláli/

ORIGEN: de Deolali, una región de la India, país localizado en el continente asiático.

¿Alguna vez has conocido a alguien que sin razón alguna se le zafa un tornillo? Pues esta palabra significa locura y se remonta al año 1861, cuando los soldados ingleses establecieron una base militar en Deolali. En este lugar había un hospital donde internaban a las personas heridas durante la guerra, algunas enloquecían porque permanecían mucho tiempo encerradas.

Cuando no como o no duermo, me vuelvo doolally.

drifting

ORIGEN: del inglés *drift*, 'derrapar'.

Es cuando en un videojuego de carreras frenas el vehículo de manera inesperada para derraparlo y así conseguir más puntos u obtener un *boost* extra.

¡Rayos! El drifting que hiciste en la curva pasada te dio un *boost* que hizo que adelantaras a todos. Creo que voy a perder.

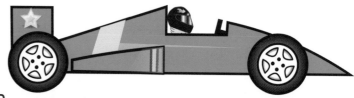

dxin lhowi

🔊 /dsín lowi/

ORIGEN: del zapoteco *dxin*, 'trabajo', y *lhowi*, 'municipio'.

Es un tipo de trabajo en donde todas las personas de una comunidad realizan tareas para su beneficio. Puede consistir en reparación de calles, construcción de escuelas, clínicas u hospitales, ya sea durante la vida cotidiana o después de una catástrofe natural. Si alguna persona no quisiera colaborar, le asignan otra tarea igualmente buena para el lugar en donde viven.

Ahora nos toca a nosotros hacer el **dxin lhowi** para el mantenimiento de la escuela.

a b c ch d e f g h i j k l m n ñ o p q r s t u v w x y z

Tu cara de pez con los ojos al revés.

Así le puedes responder al niño payaso que en cuanto lo volteas a ver por accidente te dice: «¡¿Qué me ves, TON-TO?!».

elote

ORIGEN: del náhuatl *élotl*, 'mazorca de maíz con los granos ya duros'.

Es el maíz en su estado perfecto para que puedas comerlo. En México, el *elote* es de los cereales que más se consumen, lo encuentras en casi todos lados: esquites, atoles, tortillas, tamales o cocinado al vapor con mayonesa, chile y queso.

Me gusta comer **elote** asado porque me deja los dientes negros y parece que estoy chimuelo.

emoji

🔊 /emóyi/

ORIGEN: del japonés *e-*, 'imagen', y *–moji*, 'letra'.

Es uno de los tantos dibujos que algún japonés inventó en el siglo XXI; se crearon para poder comunicarnos por mensajería instantánea en los teléfonos celulares. Cada uno representa un sentimiento u otras cosas como una popó o un huevo estrellado. Hacen que lo que queramos decir se vea más colorido y divertido.

Me encanta usar el **emoji** de popó y el de alien en mis mensajes de WhatsApp, son mis favs.

eructar

ORIGEN: del latín *eructāre*, 'eructar', 'vomitar'.

Tal vez hayas notado que cuando tu tío, el más fodongo, acaba de comer o tomar refresco, hace un ruido estruendoso que sale por la boca y muchas veces está acompañado de un aroma apestoso. A eso se le llama 'eructar', es decir, expulsar ruidosamente gases del estómago. Es recomendable nunca hacerlo junto a alguien y mucho menos en la mesa. Y recuerda, se dice *eructar*, no 'eruptar'.

—Mamá, **eructaré** el alfabeto completito.

—Ni se te ocurra, ¡cochino!

a
b
c
ch
d
e
f
g
h
i
j
k
l
m
n
ñ
o
p
q
r
s
t
u
v
w
x
y
z

escuincle

ORIGEN: del náhuatl *itzcuintli*, 'escuintle'.

Significa lo mismo que «chamaco» y es una palabra que los abuelitos suelen decir cuando ya están cansados por tanto ruido y comienzan a ponerse furiosos porque nadie los obedece. Es la clave para saber que debes estar un rato quietecito.

Cada domingo escucho a mi abuelita gritar: «¡Esos **escuincles** ya me volvieron a romper mis macetas!» y por eso ya casi no vamos a su casa.

espinaca

ORIGEN: del árabe *isfānah* o *isbānah*, 'espinaca'.

Es una hortaliza —es decir, un planta que se cultiva en huertos— nutritiva y que puedes comer junto con un poco de lechuga, sal y limón cada vez que te sientas cansado o con antojo de algo.

Me gusta mucho comer **espinacas** porque me dejan la lengua verde como de zombi.

estetoscopio

ORIGEN: del griego *stéthos*, 'pecho', y *skopé*, 'observar'.

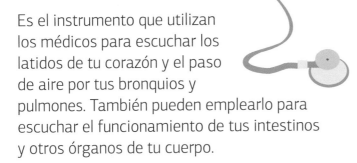

Es el instrumento que utilizan los médicos para escuchar los latidos de tu corazón y el paso de aire por tus bronquios y pulmones. También pueden emplearlo para escuchar el funcionamiento de tus intestinos y otros órganos de tu cuerpo.

Cuando usas por primera vez un **estetoscopio,** primero se escucha hueco como una concha de mar y después inicia el bumbúm del corazón.

estratosférico

ORIGEN: del latín *stratus*, 'extendido', y *sphaera*, 'esfera'.

Se refiere a algo relacionado con la estratósfera, una capa de la atmósfera terrestre. Utilizamos esta palabrota para decir que algo es muy alto.

Santa Claus no me trajo la casa de muñecas que quería, me dejó una nota que decía que ni con todo el dinero de los duendes, se podría pagar algo tan **estratosférico.**

a b c ch d e f g h i j k l m n ñ o p q r s t u v w x y z

CATEGORÍA: interjección

eureka

ORIGEN: del griego *heúrēka*, 'he hallado'.

Es una expresión que Arquímedes —un antiguo físico, astrónomo e inventor de la historia— dijo durante uno de sus más grandes descubrimientos, cuando, al meterse en su bañera, vio cómo el agua se desplazaba y con eso pudo medir el volumen de los cuerpos irregulares. Lo único que pudo decir fue: «¡Lo he descubierto!».

¡Eureka, por fin encontré mi estuche de colores! Pensé que lo había perdido en la escuela.

excéntrico

ORIGEN: de *ex* y *centro*, 'que está fuera del centro'.

Quizá el papá de alguno de tus compañeros se viste de traje y corbata pero con tenis amarillos, o alguna de tus tías usa sombreros con plumas de colores. A las conductas extrañas y a las personas que las llevan a cabo se les llama «excéntricas».

Si tu mamá te prohibe salir a la calle con un zapato y un tenis, sólo dile que eres excentrico.

esquites

ORIGEN: del náhuatl *ítzquitl*, 'esquite', y éste de *ihcequi*, 'tostar maíz'.

Son elotes desgranados y cocinados, ya sea en agua con un poco de sal y epazote o, bien, asados en una cazuela con aceite y chile. Muchas veces le puedes poner ingredientes extras como mayonesa, queso, chile y limón. ¡Deliciosos!

En la época de lluvias me gusta comer **esquites** muy calientes para quitarme el frío.

a b c ch d e f g h i j k l m n ñ o p q r s t u v w x y z

¡Qué oso!

Aunque esta palabra designa al animal que ya conoces —de extremidades gruesas, enormes garras y cola corta y el cual hiberna—, también se usa para describir una situación vergonzosa en la que quedas en ridículo.

CATEGORÍA: sustantivo

fail

🔊 /feil/

ORIGEN: del inglés *fail*, 'fallar'.

Se refiere a esos momentos en que alguien se equivoca haciendo algo. Casi siempre resultan escenas muy graciosas de estas experiencias que te hacen botar de la risa.

Mengana hizo un mega fail al hacerse la valiente y saltar del trampolín estando toda mojada, pues se resbaló y lo único que logró fue hacer el ridículo.

CATEGORÍA: adjetivo

fastuoso

ORIGEN: del latín *fastus*, 'lujo'.

Significa que algo está lleno de lujo y es hermoso a la vista, como el hotel en el que te quedaste las vacaciones pasadas, cuando fuiste a la playa.

¡Uy, hoy sí tendremos una cena fastuosa con lomo de cerdo del Himalaya y leche de gorila albino, porque saqué 10 en todas las materias!

a
b
c
ch
d
e
f
g
h
i
j
k
l
m
n
ñ
o
p
q
r
s
t
u
v
w
x
y
z

fiasco

ORIGEN: del italiano *fiasco*, 'fracaso'.

Esta palabra se usa cuando hay un mal resultado de algo que se esperaba saliera bien; también para decir que algo es defectuoso. Su origen es curioso, pues en el siglo XIV a las botellas de vidrio desinfladas, pequeñas y deformes que fabricaban los aprendices de artesanos, se les llamaba *fiascos*, es decir, 'frascos'.

El videojuego que me recomendó Héctor es un **fiasco,** mejor no lo compres.

flatulencia

ORIGEN: del latín *flatulentia*, 'flatulencia'.

«Pedo», «aire», «pluma», «gas» y «pun» son sólo algunas maneras de llamarle. Es producida por el estómago a causa del exceso de gas en los alimentos o por el aire que entra en nuestro esófago al momento 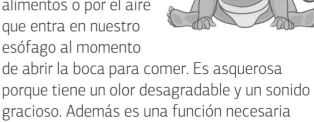 de abrir la boca para comer. Es asquerosa porque tiene un olor desagradable y un sonido gracioso. Además es una función necesaria del organismo.

Mi hermanito, aunque tierno y recién nacido, está más lleno de **flatulencias** que de amor.

a b ch d e f g h i j k l m n ñ o p q r s t u v w x y z

fodongo

ORIGEN: incierto.

Esta palabrota la utilizamos para referirnos a personas que no cuidan su aspecto personal o son muy desordenadas. Puede ser una actitud permanente o simplemente algo pasajero.

El sábado llegaron mis primos para invitarme a jugar y yo estaba toda **fodonga,** ¡qué pena!

frenemy

◀)) /frénemi/

ORIGEN: del inglés *friend*, 'amigo', y *enemy*, 'enemigo'.

Es una persona de la que eres amigo a pesar de tener con ella una profunda rivalidad. También se refiere al que aparenta ser tu amigo y resulta ser todo lo contrario. En español se puede decir «amienemigo».

Amo la relación entre Gokú y Vegeta, son mis **frenemies** favoritos.

frituras

ORIGEN: del español *frito*, 'cocinado con aceite'.

Es todo ese tipo de comida que las abuelitas llaman basura, pues sólo están hechas con ingredientes que producen enfermedades muy graves en nuestro cuerpo. Chicharrones, papas y otras botanas que son fritas y fueron cocinadas en ollas muy grandes de aceite; de ahí su nombre 'fritura'.

Mi primo se fue al hospital por haber comido **frituras:** sus tripas estaban llenas de harina.

fulano

ORIGEN: del árabe *fulān*, y tal vez éste del egipcio *pw rn*, 'este hombre'.

Es alguien desconocido de quien no sabes su nombre ni a qué se dedica, pero por algo se cruzó en tu camino.

Vino un **fulano** a tocar la puerta para vender diccionarios. Por supuesto no le abrí.

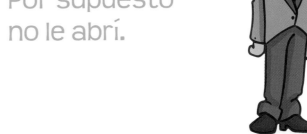

a b ch d e f g h i j k l m n ñ o p q r s t u v w x y z

¡Pidos!

Así puedes avisarle a los demás que quieres pedir un tiempo fuera en el juego, para ir a tomar agua o para descansar tantito; es decir, poner pausa. También si estás jugando «pesado», esta expresión puede salvarte de un buen golpe.

gadget

🔊 /gádyet/

ORIGEN: incierto, puede ser del francés *gâchette*, 'gatillo' o del escocés *gadge*, 'herramienta de medición'.

Con esta palabra puedes referirte a los aparatos electrónicos o mecánicos de uso práctico, pequeños e innovadores y con muchas funciones; es decir, los celulares, las tablets o los videojuegos portátiles.

Olvidé cargar mis gadgets antes de salir de casa y me aburrí todo el camino en la carretera.

galante

ORIGEN: del francés *galant*, 'cortés'.

Se refiere a una persona con muy buenos modales y bastante educado; quien, además, casi siempre viste muy bien, digamos que elegante. Suele ser muy limpio y ordenado con las pertenencias que carga consigo.

Recuerdo a mi abuelito como el hombre más galante del universo, siempre andaba muy limpio y nunca lo escuché decir ninguna grosería.

gamer

🔊 /guéimer/

ORIGEN: del inglés *game*, 'juego', más la terminación –*er*, 'jugador'.

La empleamos en nuestra vida diaria para referirnos a los que juegan videojuegos. Existen diferentes categorías de *gamers* que se dividen según el tiempo que se dedican a jugar, el nivel de experiencia que tengan, la plataforma en la que juegan y los tipos de juegos en los que son expertos.

Mi hermana es una **gamer** profesional, le ha ganado a los jugadores más experimentados.

garabato

ORIGEN: incierto.

Es el rayón que solemos hacer cuando, en el kínder, nos enseñan a dibujar. También cuando en la primaria nos enseñan a escribir las típicas patas de araña que dicen nuestro nombre, pero nadie les entiende.

Mi papá, aunque ya pasó el kínder y la primaria y ahora es médico, sigue haciendo **garabatos** en las recetas que les da a sus pacientes.

geek

◀)) /guik/

ORIGEN: probablemente del inglés antiguo *geek*, 'tonto'.

Se le dice así a la persona que ama la tecnología, las ciencias y todo tipo de conocimiento. Muchas veces su inteligencia es estratosférica, tiene una actitud callada o tímida con los demás niños.

Tengo un primo **geek** que le encanta la tecnología. A sus 10 años ya armó tres computadoras él solito.

glucófilo

ORIGEN: del griego *glykýs*, 'dulce', y *philía*, 'amistad'.

Es aquella persona que encuentra apasionante coleccionar los sobres de azúcar que ofrecen en los restaurantes para endulzar el café o la leche. Seguro el cajón en donde los guarda, al fondo de su cocina, debe tener muchas hormigas o... cucarachas.

Cuando iba en el kínder ya comenzaba a volverme **glucófila,** pero mi mamá siguió a un ratón hasta mi casa de muñecas donde escondía mi gran colección de sobres y los tiró a la basura.

googlear

◀)) /gugleár/

ORIGEN: del término matemático *gúgol*, que significa 10 elevado a la potencia 100, o sea, un 1 con 94 ceros a la derecha.

Viene del nombre del buscador Google y se refiere a usar éste o cualquier otro buscador en internet para encontrar información acerca de algo o alguien. El nombre de esta compañía lo inventó el sobrino de uno de los principales escritores de ciencia ficción: Isaac Asimov.

Voy a **googlear** nuevos trucos para Plantas vs. zombis.

a b c ch d e f g h i j k l m n ñ o p q r s t u v w x y z

grotesco

ORIGEN: del italiano *grottesco*, y éste de *grotta*, 'gruta'.

Es algo que tiene la cualidad de causar mucho asco, al verlo u olerlo te dan ganas de vomitar, como la popó del pañal de tu hermanito, el moco que embarró tu compañera en tu sudadera favorita, la nata que se hace en la leche que calentaron mucho o la crema de chícharos con brócoli. ¡Fuchi!

¡Eres grotesco! Deja de decir que le vas a echar cuatro escupitajos a tu agua de jamaica y luego te la tomarás.

guacamole

ORIGEN: del náhuatl *auacamulli*, 'manjar de aguacates con chile', *ahuácatl*, 'aguacate', y *molli*, 'salsa'.

Aunque seas de aquellos que detestan el aguacate, podrías darle una segunda oportunidad si dejas que algún adulto lo prepare en puré y le ponga un poco de cebolla, limón y chile para dar un giro diferente a tus sincronizadas o tus molletes.

El guacamole se debe comer muy rápido, si no su color verde se convertirá en café y se verá as-que-ro-so.

güirigüiri

ORIGEN: del sonido que se hace para imitar a alguien que habla mucho y muy rápido.

Es una plática que nadie puede parar, ni el maestro más gruñón ni la tía más enojona. A todos nos ha pasado que queremos contar tantas historias y la lengua no nos para, seguirmos hablando sin interrupción.

Estuvieron toda la tarde en el **güirigüiri,** les agarró la noche y no logran terminar su tarea.

guzun

🔊 /gsun/

ORIGEN: zapoteco.

Es el favor que le pides a alguien, pero que después debes pagar con uno equivalente. Es algo así como: «dando y dando, pajarito volando».

—Mamá, ¿puedes ayudarme con mi tarea de dibujo?

—Sí, pero hacemos **guzun:** lavas los trastes durante una semana.

a b c ch d e f g h i j k l m n ñ o p q r s t u v w x y z

Me salió de chiripa.

Quiere decir que algo salió bien por casualidad. La palabra chiripa se usa en el juego del billar cuando alguien gana no porque sea bueno en el juego, sino porque tuvo buena suerte.

hackear

🔊 /jakeár/

ORIGEN: del inglés *hack*, 'cortar'.

Es descifrar y robarte la contraseña de algo que no es tuyo, como una computadora, la red de internet del vecino o la cuenta del blog de tu amigo, para modificar su información a tu favor o para que se burlen de él todos tus compañeros.

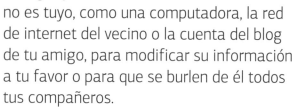

Mi mayor enemigo **hackeó** mi cuenta y puso que me huelen los pies a charco podrido.

hater

🔊 /jéiter/

ORIGEN: del inglés *hate*, 'odiar'.

Si se hubiera usado esta palabra hace casi un siglo, seguramente Gruñón —uno de los enanos que vivía con Blancanieves— se llamaría *Hater*. Esta palabrota denomina a alguien que odia todo lo que lo rodea en el mundo.

Eres un **hater,** todo lo que te digo lo criticas y lo peor es que te enojas conmigo.

hediondo

ORIGEN: del latín *foetibundus*, y ésta de *foetēre*, 'despedir un olor muy fuerte'.

Es la palabrota que utilizas para referirte a algo o alguien que huele mal, algo apestoso o que expide un olor desagradable, como un huevo podrido.

La caja de arena del gato es muy **hedionda.**

hípster

🔊 /jípster/

ORIGEN: del inglés *hip*, 'muy a la moda', 'chic'.

Es una persona que le gusta vestir como ñoño, o sea, usar camisa de cuadros y lentes de pasta enormes, a quien no le sorprenden las nuevas modas, ya sean de música, ropa o nuevos parques de diversiones.

Las **hípsters** de mi salón odian a las princesas de Disney porque dicen que son pura moda.

a b c ch d e f g h i j k l m n ñ o p q r s t u v w x y z

huitlacoche

ORIGEN: del náhuatl *cuítlatl*, 'excremento' o 'suciedad', y *cochi*, 'dormir'.

Tal vez te parecerá asqueroso por su color y saber lo que realmente es: un hongo que le pegó a la cosecha del maíz y hace que éste se vuelva negro verduzco. Algo así como un elote zombi, pero que puedes comértelo cocinado y calientito en quesadillas y taquitos. Un consejo: cuando lo hagas sólo no lo veas o sentirás que estás comiendo lodo sin lombrices.

El **huitlacoche** antes me causaba mucho asco, hasta que lo probé en las quesadillas del tianguis. ¡Delicioso!

hula-hula

ORIGEN: del nombre de una danza hawaiana.

Es un aro de plástico que puedes mantener girando en la cintura, los brazos y las piernas. Fue creado hace 3 mil años por los egipcios, quienes lo hacían de ramas porque todavía no se inventaba el plástico. Actualmente hay concursos, canciones y juegos para ver quién aguanta más tiempo con uno o varios aros girando en todo el cuerpo.

Mi prima ganó un concurso de **hula-hula.** Pudo girar el aro en su cintura por 11 minutos.

hule

ORIGEN: del náhuatl *olli ulli*, 'goma de un árbol medicinal'.

En una palabra: plástico. Antes, éste era extraído de los árboles, ¿cómo? raspando con un cuchillo su corteza hasta hacerlos 'sangrar'; es decir, sacarles la resina —¡exacto! igual que el chicle—, que se escurría en pequeñas cubetas. Ahora, el hule se hace de forma artificial y es de los principales contaminantes de nuestro planeta, pues con él se fabrica casi todo.

Las suelas de mis zapatos son de hule y hacen que me resbale en los charcos.

hygge

 /jígre/

ORIGEN: del danés, 'sensación de bienestar'.

Quiere decir que te sientes muy cómodo en un lugar o situación. Para los daneses significa estar en una casa acogedora en compañía de su familia y amigos, compartiendo una taza de chocolate caliente con malvaviscos.

Cuando abrazo a mi mamá siento un intenso hygge.

a b c ch d e f g h i j k l m n ñ o p q r s t u v w x y z

zafo con chile y ajo.

Puedes decir esta frase cuando tu mamá pregunta quién lavará el baño esta semana o en la escuela cuando dicen quién será el primero que pasará al pizarrón a anotar las respuestas.

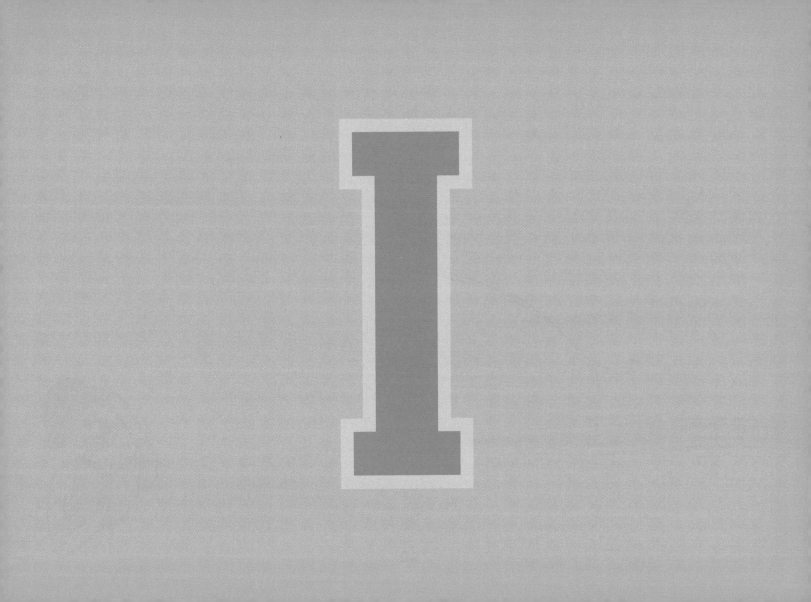

inaudito

ORIGEN: del latín *inaudītus*, 'inaudito'.

¿Te parece similar a palabras como auditorio o audífono? Esto se debe a que *audito* se refiere a la acción de 'oír', si a esta palabrota le sumas el prefijo *in-*, que es una negación, significará algo nunca oído, algo increíble, fantástico y sorprendente, pero los adultos la utilizan para decir que algo no puede tolerarse o es imposible aceptar como algo bueno.

¡Esto es inaudito! No puedo creer que hayas reprobado por tercera vez el examen de Cívica y Ética.

inconmensurable

ORIGEN: del latín *incommensurabĭlis* y éste de *commensurabĭlis*, 'que se puede medir'. Es la unión de *in-* y *commensurabilis*, 'conmensurable', algo que no se puede medir.

Si llegas a escuchar esta palabra, no te asustes, por el contrario, debes tener muy presente que se refiere a que es «imposible de medir». Es algo verdaderamente grande, algo inmenso, ¡ENOOOOORRRME! Como la panza de tu tío, el más viejo.

Ya viene el examen final, la cantidad de temas que debo estudiar es **inconmensurable.**

infalible

ORIGEN: del latín *infallibilis* y *fallibilis*, 'falible'.

Significa que algo no puede fallar. Es obtener un resultado positivo que esperabas sin variación alguna.

La forma en que ese futbolista maneja el balón es infalible.

a
b
c
ch
d
e
f
g
h
i
j
k
l
m
n
ñ
o
p
q
r
s
t
u
v
w
x
y
z

CATEGORÍA: verbo

ingerir

ORIGEN: del latín *in*, 'hacia adentro', y *gerere* 'llevar a acabo'.

Quiere decir que algo se introduce a la boca; es decir, comer o beber.

La semana pasada, mi gato **ingirió** todos los dulces que estaban en mi cajón. ¡Andaba como loco!

CATEGORÍA: verbo

intensear

ORIGEN: del latín *intensus,* 'intenso'.

Es tomarse las cosas muy a pecho, llorar por todo y enojarse igual. Es ser muy sensible y por eso las emociones se vuelven más profundas y grandes.

La maestra sólo le pidió el trabajo a mi compañera, pero ella **intenseó** y se puso a llorar. Yo digo que no lo traía.

itacate

🔊 /itakáte/

ORIGEN: del náhuatl *ihtácatl*, 'empanada rellena de frijoles o habas'.

Seguro cada vez que vas a una fiesta familiar en donde todas tus tías preparan mucha comida, escuchas a tu abue gritar: «¿Por qué no se llevan un poco de itacate? ¡Nos va a sobrar mucha comida!»; pues eso es precisamente lo que significa esta palabra: llevarse comida.

¡Llévale un itacate a tu papá, que el mole quedó riquísimo!

a b c ch d e f g h i j k l m n ñ o p q r s t u v w x y z

Dando
y dando
pajarito
volando.

Cuando alguien te pide que le hagas un favor pero sabes que es un favor taaaaaaan grande e importante para esa persona que podrías sacar beneficio de él, o sea, hacer un intercambio o cobrárselo después.

jacal

ORIGEN: del náhuatl *xah-calli/xamitl*, 'adobe', y calli, 'casa'.

Es una casa muy pequeña que está hecha de tabiques de adobe —o sea barro mojado con hierbas y que se pone a secar al sol—, la cual suele tiene un solo cuarto para la cama, la cocina y la sala. Es el tipo de casita que puedes ver al pie de un cerro o muy a lo lejos en el horizonte, durante tus viajes por carretera.

Mis abuelos vivieron en un jacal cerca del estado de Hidalgo, bajo el cielo azul, rodeados de las praderas más verdes y bonitas del mundo.

jajajá

ORIGEN: del sonido que se produce cuando nos reímos.

Regularmente representa una carcajada en un mensaje escrito porque algo fue verdaderamente gracioso. Tiene algunas variantes como *jijijí*, que representa una risa traviesa; *jojojó*, como la risa gruesa de Santa Claus, y *jejejé*, cuando te ríes por compromiso, o sea, que no te causó nada de gracia.

El jajajá de mis compañeros no me dejó apuntar el dictado.

jaqueca

ORIGEN: del árabe *šaqīqah*, 'mitad'.

Es un dolor de cabeza. Cuando escuches a tu mamá decir: «Tengo migraña», significa que le duele una parte de la cabeza, o sea, tiene una *jaqueca*.

Me da **jaqueca** sólo de pensar toda la tarea que tengo que hacer para mañana.

jayus

🔊 /yaiús/

ORIGEN: del indonesio *jayús*, 'chiste mal contado'.

Quizá te sientas un poco avergonzado cuando te enteres de que una o más veces, y sin darte cuenta, has contado chistes *jayus*; es decir, tan poco graciosos que a la gente no le queda más remedio que reír, pero no de tu chiste, sino de ti.

—¿Saben qué es una capilla? ¡Pues lo que se pone Superman en la espaldilla!

—¡Ooosh! ¡Ya saliste con tu **jayus**!

a b ch c d e f g h i **j** k l m n ñ o p q r s t u v w x y z

jicotillo

ORIGEN: diminutivo de 'jicote', *xicohtli*, 'abejorro'.

Seguro siempre te has preguntado: «¿Quién es ese *jicotilllo* que anda en pos de doña Blanca?», pues es un abejorro, un insecto similar a la abeja, pero más gordo; también produce miel y su picadura duele mucho más que la de las abejas.

¿Sabías que sólo la hembra del jicotillo es la que nos puede picar y que, a diferencia de las abejas, lo puede hacer más de una vez?

jitomate

ORIGEN: del náhuatl *xic-tomátl/xictli*, 'ombligo', y *tómatl*, 'tomate'.

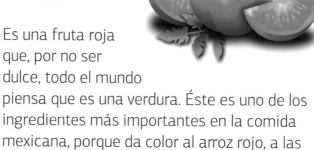

Es una fruta roja que, por no ser dulce, todo el mundo piensa que es una verdura. Éste es uno de los ingredientes más importantes en la comida mexicana, porque da color al arroz rojo, a las salsas, a la sopa de fideos o a los caldillos.

A muchos les gusta comerse el jitomate cuando ya está cocinado, pero a mí me gusta crudo con limón y sal.

jolgorio

ORIGEN: de *holgar*, 'descansar', y ésta del latín *follicāre*, 'soplar, respirar'.

Si en alguna ocasión escuchas decir a tu abuela que «estuvo bueno el *jolgorio*», ahora ya sabes que se fue a bailar con tu abuelito.

Fuimos al **jolgorio** de mis padrinos. Cumplieron 30 años de casados.

juggle

🔊 /yogl/

ORIGEN: del inglés *juggle*, 'malabarismo'.

Aunque te parezca desconocida esta palabrota porque no eres tan *gamer*, seguro su significado no te será extraño. Es cuando en un juego de peleas metes combo tras combo, con el fin de que tu contrincante no pueda moverse y tú lo puedas derribar más rápido. También se conoce como «trabar el control».

¡No se vale!, hiciste puro **juggle** y no pude moverme ni un segundo. ¡No sabes jugar!

a b c ch d e f g h i j k l m n ñ o p q r s t u v w x y z

Se me chispoteó.

Se dice cuando haces algo por accidente o se te sale algún secreto que no debías decir.

a
b
c
ch
d
e
f
g
h
i
j
k
l
m
n
ñ
o
p
q
r
s
t
u
v
w
x
y
z

CATEGORÍA: sustantivo

karaoke

◀)) /karaóke/

ORIGEN: del japonés *kara*, 'vacío', y *oke*, abreviatura de *okesutora*, 'orquesta'.

Es un aparato electrónico compuesto por micrófonos, bocinas y una pantalla en la que se leen las letras de las canciones, mientras suena la melodía; el chiste de un *karaoke* es que tú mismo interpretes las canciones, no importa que seas el más desafinado del mundo.

Me gusta mucho usar el **karaoke** porque así aprendo las canciones que están escritas en inglés.

CATEGORÍA: adjetivo

kawaii

◀)) /kaguáe/

ORIGEN: del japonés *kawaii*, 'tierno'.

Piensa en muchos gatitos bebés todos peluditos y suavecitos o en niñas vestidas con trajecitos de holanes en colores pastel.

Qué **kawaii** forraste tus cuadernos este año, Menganita, con tantos ositos y caramelos...

kit

ORIGEN: del inglés *kit,* 'paquete'.

Es un paquete de algo para uso personal, que puede ser de: medicamentos, comida, ropa invernal, artículos de higiene, premios, llaveros, caritas de superhéroes, revistas, lápices y otras cosas.

El **kit** que me regalaron al final de la excursión estaba bien padre, traía audífonos, unos binoculares y una caña de pescar.

kudos

🔊 /kúdos/

ORIGEN: del griego *kudo,* 'gloria'.

Esta palabra se utiliza cuando alguien ha recibido muchos reconocimientos o premios por sus esfuerzos, que podrían ser, por ejemplo: sacar diez en todas las materias o ganar las competencias de natación.

Mi tío nos contó que, de pequeño, él siempre quería el **kudos:** hacía lo que fuera para estar en el primer lugar del cuadro de honor y en la escolta.

a b c ch d e f g h i j k l m n ñ o p q r s t u v w x y z

Andar con un ojo al gato y otro al garabato.

Quiere decir que estás atento a todo, incluso a más de dos cosas a la vez. El garabato era un instrumento antiguo en forma de gancho que se usaba para colgar o agarrar cosas.

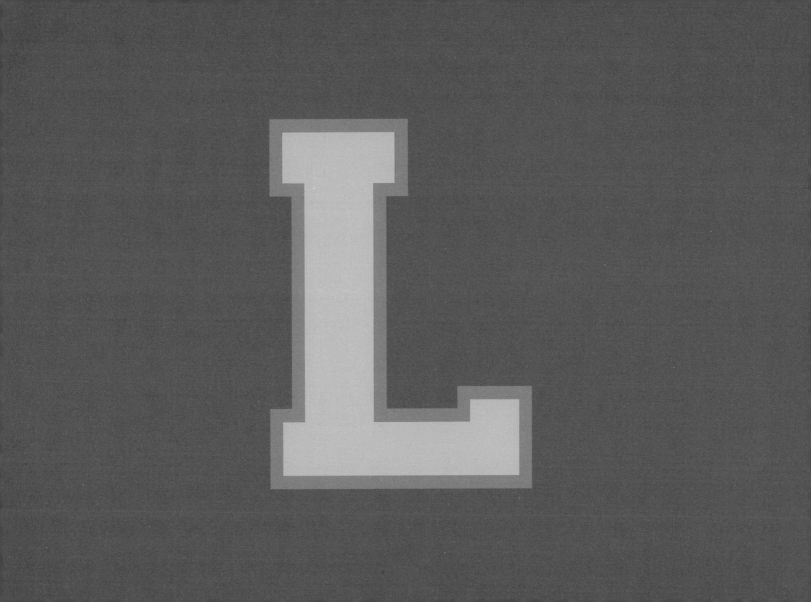

lambiscón

ORIGEN: incierto.

Es aquella persona que se la pasa haciéndole cumplidos a sus superiores, puede ser a un adulto o un maestro, para caerle bien y sacar provecho de ello.

Estoy seguro de que lo eligieron para maestro de ceremonia porque es un **lambiscón** con la maestra. Siempre le lleva regalos y le dice que se ve muy bien.

likear

🔊 /laikeár/

ORIGEN: del inglés *like*, 'gustar'.

En internet se usa para decir que algo te gusta, dándole clic al ícono con pulgar arriba o a un corazón.

El niño que en secreto me gusta, **likeó** el dibujo que publiqué en mi blog.

CATEGORÍA: sustantivo

limerence

🔊 /límerens/

ORIGEN: del inglés, significa algo así como 'amor obsesivo'.

Es la emoción que te hace sentir una persona que te gusta muchísimo y buscas estar cerca de ella con cualquier pretexto. A lo mejor la persigues durante el recreo, te cuelas en el mismo equipo o esperas a que la recojan sus papás de la escuela sólo para verla un ratito más.

—¡Ma!, ¿podrías ponerme un jugo más para Dante?

—¡¿Otra vez?! Ahora sí te dio el **limerence** bien fuerte, hijita...

a b c ch d e f g h i j k l m n ñ o p q r s t u v w x y z

link

◀)) /link/

ORIGEN: del inglés *link*, 'enlazar'.

Se refiere a la dirección electrónica que te dirige a un sitio web específico, o bien, que te manda a otra parte de un mismo documento digital al dar clic sobre él.

El otro día vi un artículo muy divertido. Ahorita te paso el **link.**

loading

◀)) /lóuding/

ORIGEN: del inglés *load*, 'cargar'.

En internet, en un juego o un programa de computadora quiere decir que la información y los datos se están «cargando».

Mi computadora lleva tres horas en **loading** y no voy a poder entregar la investigación que me dejaron para mañana.

LOL

ORIGEN: iniciales de la frase *laughing out loud*, 'reírse en voz alta' o 'reírse muy fuerte'.

Es el acrónimo que puedes utilizar en una conversación escrita para decir que algo te causó muchísima risa porque fue bastante gracioso.

Vi el video del señor que se cae de una resbaladilla y... LOL, no sé por qué se le ocurrió subirse.

luego-luego

ORIGEN: repetición del adverbio *luego*, 'después'.

Puedes utilizar esta palabrota cuando quieres decir que algo pasó inmediatamente.

Sí, ma. Termino de comer y **luego-luego** sacaré a la perrita a jugar.

a b c ch d e f g h i j k l m n ñ o p q r s t u v w x y z

Me late chocolate.

Quiere decir que estás de acuerdo en que algo se haga, como ir al parque la siguiente semana o comprar entre dos amigos y tú el dulce que les gustó a los tres.

majadero

ORIGEN: del verbo *majar*, 'machacar', éste del latín *malleus*, 'mano de mortero', y después 'necio' o 'terco'.

Significa 'grosero', 'malhablado', 'pelado', 'maleducado'. La dicen las mamás cuando regañan a un niño contestón de malos modales; también se usa para calificar a cualquier persona grosera que no sabe comportarse.

¡No contestes así, niño **majadero**! Te voy a lavar la boca con jabón.

mandado

ORIGEN: del verbo *mandar* y éste del latín *mandare*, 'ordenar'.

Es todo lo que se necesita para hacer la comida y que tu abuelita te «manda» a comprar.

Mijito, acompáñame al **mandado,** y si te portas bien, te compro un helado.

matado

ORIGEN: del verbo *matar* y éste del latín *mactare* ,'sacrificar'.

Es aquel niño que da la vida —se mata— por hacer todo a la perfección, estudiar más de lo que vieron en clase o memorizar cosas que la maestra no pidió con tal de ser el primer lugar de la escuela. Sí, otra forma para decir «ñoño».

Dicen mis tías que mi mamá siempre fue súper **matada.** Seguro por eso ahora es la directora de la empresa.

meme

ORIGEN: del griego *mimema*, 'imitación'.

Es una imagen graciosa que se complementa con una frase corta para hacer burla a situaciones de la vida cotidiana; su principal característica es que se difunde rápidamente por medio de redes sociales.

Tu cara me recuerda al **meme** del perrito «Chilaquil».

a b c ch d e f g h i j k l m n ñ o p q r s t u v w x y z

mentecato

ORIGEN: del latín *mentecaptus,* 'que no tiene toda la razón'.

No, no es un pan que se unta de manteca y se le espolvorea azúcar, tampoco la mezcla para hacer helados. Esta palabrota se utiliza cuando quieres decirle a alguien que es bobo o tonto, al que le explicas mil veces y no entiende nada.

Eres un mentecato, ¿cómo crees que 2 x 8 da 28?

meraki

◀)) /meráki/

ORIGEN: del griego, significa 'gusto'.

Esta palabra puedes utilizarla en esos momentos en que pones todo tu empeño para hacer algo que te gusta mucho como colorear, dibujar animales, inventar juegos o, en muchos casos, hacer la tarea de la materia que más te gusta.

Mi mamá siempre hace desayunos meraki. Prepara mi comida con mucho empeño y amor.

a
b
c
ch
d
e
f
g
h
i
j
k
l
m
n
ñ
o
p
q
r
s
t
u
v
w
x
y
z

merolico

ORIGEN: incierto.

Es un vendedor callejero que ofrece remedios milagrosos para curarte cualquier enfermedad. Habla mucho, muy rápido y sin parar para describirte las maravillas de sus productos; aunque, la verdad, éstos sean un fiasco.

Cuidado cuando tu abue te diga: «¡Ya cállate!, hablas como **merolico**», porque quiere decir que estás hablando hasta por los codos.

mirruña

ORIGEN: probablemente del adjetivo *mirrino* y éste del latín *myrrhĭnus,* 'de mirra'.

Es una cantidad o parte muy pequeña de algo.

Te pedí que me convidaras un cachito de tu pastel, pero no pensé que me fueras a dar una **mirruña.**

mitote

ORIGEN: del náhuatl *mitohtía,* 'danza'.

Es un problema muy grande generado por un chisme, como cuando tus compañeros del salón gritan al mismo tiempo porque la maestra los castigó y no los dejará salir al recreo.

En mi colonia, todos mis vecinos hicieron un **mitote** por aquellos que se resistieron a pagar el agua.

molcajete

ORIGEN: del náhuatl *mol-cáxitl/molli*, 'salsa' y *cáxitl*, 'vasija honda'.

Es la licuadora de las abuelitas, una vasija pesada hecha de piedra; actualmente se sigue utilizando para machacar hierbas y hacer salsas.

Mi mamá dice que las salsas hechas en molcajete siempre tienen tierra y por eso no le gustan.

morralla

ORIGEN: del español *morra*, 'piedra pequeña y redonda', y el sufijo *-alla*.

Es un conjunto de cosas sin valor, lo que queda después de elegir las piezas más valiosas. En México le decimos así a las monedas pequeñas que no alcanzan para comprar mucho.

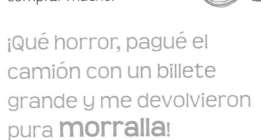

¡Qué horror, pagué el camión con un billete grande y me devolvieron pura morralla!

A ver al cine.

Así puedes contestar cuando un compañero te pide que le dejes ver las respuestas de tu examen o lo que escribiste en tu tarea de composición.

N

nahual

ORIGEN: del náhuatl *nahualli*, 'brujo'.

Cuentan las leyendas mexicanas que es una persona con habilidad de convertirse en un animal. Sí, algo así como un hombre lobo, pero el *nahual* no necesita luna llena para hacerlo.

Dice mi mamá que los **nahuales** se extinguieron con mis bisabuelitos, que no tengo por qué temer.

nana

ORIGEN: del náhuatl *nanahtli,* y éste de *nantli,* 'madre'.

Es una niñera, es decir, la persona que cuida a los niños cuando sus papás tienen mucho trabajo. Es como el doble de una madre, pero sin tener ningún lazo de sangre.

Ana Banana tiene una **nana.**

Navidad

ORIGEN: del latín *nativitas*, 'origen', 'nacimiento'.

Cada 25 de diciembre, llega la celebración más importante del año para toda la comunidad cristiana, debido a que festejan el cumpleaños del Niño Dios. Y vaya que lo hacen a lo grande, pues lo celebran con posadas, una interminable cena, nacimiento, pastorelas, arbolito, regalos y reuniones familiares.

Nadie podía creer que esta **Navidad** me comí casi la mitad del pavo y además bebí la mitad de la olla del ponche.

a
b
c
ch
d
e
f
g
h
i
j
k
l
m
n
ñ
o
p
q
r
s
t
u
v
w
x
y
z

CATEGORÍA: sustantivo

nene

ORIGEN: del náhuatl *nénetl,* 'muñeco'.

Es un humanito, aquel que acaba de nacer o no ha aprendido a hablar y es tan pequeño que parece un muñeco.

Desde ayer la **nena** no quiso comer su papilla y tampoco ha querido tomar leche. Seguro anda empachada.

CATEGORÍA: verbo

ningunear

ORIGEN: del adjetivo *ninguno,* 'que no existe'.

Cuando alguien quiere hacer menos a otra persona, o sea, lo «ningunea», lo hace sentir que no vale nada.

A la maestra la corrieron por **ningunear** a sus alumnos.

nisa xho lu laga

◀)) /nis yo lu laga/

ORIGEN: del zapoteco, 'agua puesta sobre hoja'.

Expresión que muchos papás pueden utilizar cuando sienten que lo más valioso de su vida, o sea sus hijos, está en peligro.

Mi mamá es la **nisa xho lu laga** de mi abuelita por ser la única mujer que tuvo. Si alguien la molesta, mi abuelita la defiende.

noob

◀)) /nub/

ORIGEN: del inglés *newbie,* 'persona recién iniciada en una actividad en particular'.

Es alguien poco o nada experimentado en algo, como en un videojuego o todo lo relacionado con las computadoras, pero que tiene mucho interés por aprender.

Te las das de muy gamer, pero en realidad eres un **noob** en los videojuegos.

a b c ch d e f g h i j k l m n ñ o p q r s t u v w x y z

Habla con mi mano.

Así le puedes decir a alguien que ya no quieres escuchar lo que te está diciendo porque seguramente son bobadas o cosas falsas.

ñango

ORIGEN: del español *ñanga,* 'carne pellejuda con cartílago y nervios'.

Es una persona muy delgada, tanto que hasta débil se ve, pero es sólo porque tiene una pata hueca; es decir, la comida no le hace ni cosquillas para que pueda engordar.

¡Ay, mijito! Te ves muy **ñango,** así que hoy te prepararé mucho hígado encebollado.

ñomblo

ORIGEN: desconocido.

En épocas muy antiguas como las de tu tatarabuelita, le decían así a una persona súper gorda y, por lo tanto, con «pompis» enormes.

La tía de mi papá era tan **ñombla** que no podía ni subirse al carro. A mí me causaba mucha tristeza porque a veces ella no podía salir de paseo con nosotros.

ñoño

ORIGEN: del latín *nonnus, nonna,* 'anciano cuidador de niños'.

Es alguien «aniñado o demasiado apegado a sus deberes», muy dedicado a sus tareas de la escuela o a alguien que se comporta de manera boba, aunque también se refiere a las cosas que son sosas, es decir, aburridas.

¡Ay, qué ñoña!, sacaste puro diez.

a
b
c
ch
d
e
f
g
h
i
j
k
l
m
n
ñ
o
p
q
r
s
t
u
v
w
x
y
z

Ya te chupó el diablo.

Cuando alguien se cae y te pide que lo ayudes a levantarse y te da flojera, puedes reírte y después decir esta frase.

Ohrwurm

🔊 /óarborm/

ORIGEN: del alemán *Ohrwurm,* 'gusano en la oreja'.

Es el resultado de repetir una canción o una tonada una y otra vez en tu mente sin poder sacarla de tus pensamientos, aunque ya estés fastidiado de ella; en otras palabras, quiere decir que «ya se te pegó la canción».

La canción que mi papá estaba cantando en la mañana me dejó un Ohrwurm.

CATEGORÍA: interjección

ojalá

ORIGEN: del árabe *law šá lláh,* 'si Dios quiere'.

Es una expresión que puedes utilizar cuando deseas que algo suceda. Significa 'si Alá quiere'. Alá, en árabe, quiere decir 'Dios', pero ahora en los países donde se habla español sólo se utiliza para indicar que quieres que algo pase.

Ojalá que mi papá llegue temprano a casa antes de irme a dormir, quiero presumirle el 10 que saqué en ciencias.

CATEGORÍA: siglas

OMG

🔊 /ou em yi/

ORIGEN: de la frase en inglés *oh, my god!,* '¡Oh, Dios mío!'

Puedes utilizar esta sigla en mensajes escritos cuando algo te sorprende demasiado, una buena noticia o un chisme. También puedes usarla cuando estás muy preocupado y sientes que el mundo se te viene encima.

¡¡¡OMG!!! Siento que nunca terminaré este trabajo.

a b c ch d e f g h i j k l m n ñ o p q r s t u v w x y z

onicofagia

ORIGEN: del griego *onyx*, 'uña', y *phagein*, 'comer'.

Así se le llama a ese pésimo hábito de comerse las uñas. Muchas personas lo hacen por nervios, pero seguramente desconocen que ahí es donde se guardan más gérmenes, así que probablemente tu amigo, el nervioso, ha de tener muchas lombrices en la panza.

Desde los 4 años sufro de **onicofagia** porque un día vi a una niña más grande que yo morderse las uñas y pensé que se veía muy cool.

online

◀)) /on lain/

ORIGEN: del inglés *on*, 'en, sobre', y *line*, 'línea'.

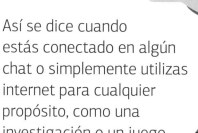

Así se dice cuando estás conectado en algún chat o simplemente utilizas internet para cualquier propósito, como una investigación o un juego.

¿Oye?, te estoy marcando porque no te veo **online** en el chat.

órale

ORIGEN: probablemente del español *ahora*, su acortamiento *ora* y el imperativo náhuatl *-le*.

Esta expresión sólo la decimos los mexicanos y la usamos para indicar que nos asombramos o estamos de acuerdo en algo; o también para incitar a alguien a que haga algo. Cuando la escribimos, casi siempre lo hacemos entre signos de admiración.

¡Órale!
¿En dónde compraste tu mochila? Está padrísima.

orear

ORIGEN: del latín *aura*, 'aire'.

Es la acción de poner algo —como una prenda de vestir o una cobija— al sol o en el exterior para que le dé el viento, con el fin de que se seque o se le quite algún mal olor. También para que se le mueran esos diminutos bichos que nos causan tantas alergias: los ácaros.

Deberías poner todos tus calcetines a **orear** porque tus pies huelen a rata muerta.

a b c ch d e f g h i j k l m n ñ o p q r s t u v w x y z

Botellita de jerez, todo lo que digas será al revés.

Diciendo esto eliminas todos los malos deseos que alguien tuvo hacia ti, y provocarás que se le regresen. Cuando lo digas, siempre recuerda decirlo súper rápido, si no, nunca surtirá efecto.

pachanga

ORIGEN: derivada de un tipo de música cubana.

Se refiere a un baile cubano muy alegre, el uso de la palabra se quedó en el lenguaje de varios países latinoamericanos. Es lo que conocemos como una graaan fiesta.

En mis tiempos sí sabíamos hacer **pachangas.**

palegg

◀)) /pólegg/

ORIGEN: del noruego.

Crema de cacahuate, mantequilla, mermelada de fresa, queso, miel, ate, jamón o cualquier otro ingrediente que se te antoje poner o untar sobre una rebanada de pan, para comer como refrigerio o acompañado de una vaso de leche durante la cena o el desayuno.

A mi papá siempre le gusta hacer **palegg:** unta el pan tostado con mucha mantequilla y le espolvorea azúcar. ¡Sabe delicioso!

papalote

ORIGEN: del náhuatl *papálotl*, 'mariposa'.

Es un juguete fabricado de papel o plástico, al cual puedes hacer volar cuando hay un viento fuerte, lo más padre es que tú controlas qué tan alto puede llegar, por medio de un cordón muy delgado.

Hoy quise estrenar mi **papalote** porque había mucho viento, pero trajo consigo una tormenta que me impidió salir de casa.

a b c ch d e f g h i j k l m n ñ o p q r s t u v w x y z

139

pazguato

ORIGEN: de *apazguado*, y ésta del latín *pacificatus*, 'reconciliado'.

Se le dice así a una persona torpe o lenta. Imagínate a alguien que le da miedo hacer cosas nuevas, o que las hace sin gusto. Por ejemplo, un pazguato nunca se arriesgaría a subirse a un juego de feria ni a aprender algo nuevo.

¡No seas **pazguato!** Anímate a ir al cine con todos.

pepenar

ORIGEN: del náhuatl *pehpena*, 'recoger'.

Es la acción de recolectar basura. Aunque no lo creas, existen personas muy importantes en nuestra sociedad que se dedican a recoger y separar los desperdicios que producimos, pues a partir de ello es que podemos reciclar algunos materiales como el plástico.

Hay un señor en la escuela que va a **pepenar** todas las botellas de refresco en las mañanas.

peripecia

ORIGEN: del griego *peripéteia*, 'cambio'.

Cuando escuchas que alguien menciona esta palabra, se refiere a un accidente o un suceso inesperado que de alguna forma cambia sus planes.

Mi mamá pasó por varias **peripecias**, por eso me recogió tarde en la escuela.

a b c ch d e f g h i j k l m n ñ o p q r s t u v w x y z

picapica

ORIGEN: del español de Cuba.

Es un polvo que los *bullies* compran en las tiendas de bromas. Éste se saca de los vellos del tallo de la planta con el mismo nombre.

Causa mucha comezón e irritación en la piel, además de lagrimeos, tos y estornudos que pueden durar hasta una hora.

Mamá, a mi amigo le echaron **picapica** en los calzones y lo tuvieron que llevar al hospital.

pichicato

ORIGEN: probablemente del adjetivo en español *cicatero*, 'mezquino', 'ruin' o 'miserable'.

Es una persona coda, tacaña, a quien no le gusta compartir nada —comida, dinero, juguetes y hasta chismes— y que, si llegara a hacerlo, lo da en pequeñas cantidades o lo presta por un tiempo muy corto.

Mi tío, el millonario, es un **pichicato.** Seguro por eso tiene tanto dinero guardado.

piratear

ORIGEN: del sustantivo en español 'pirata' y éste del griego *peiratés*, y a su vez de *peirân*, 'asaltar', 'atracar'.

Esta palabra significa robar o copiar algo sin permiso. Igual que hacían aquellos peligrosos ladrones de los mares.

El señor de la esquina se **piratea** las películas antes de que salgan en el cine.

pinauistle

ORIGEN: del náhuatl, 'tímido', 'timidez'.

Es ese tipo de dolor intenso e indescriptible que sale cada vez que te sientes avergonzado por algo, como cuando frente a toda la escuela se te olvidan las líneas que tenías que decir en la ceremonia o cuando te resbalas y caes en un charco de lodo estando con todos tus amigos y, por tanta pena, te dan muchas ganas de vomitar —y lo haces.

Me dio el **pinauistle** porque me estaba cambiando y un señor abrió la puerta del baño.

a b c ch d e f g h i j k l m n ñ o p q r s t u v w x y z

pochemuchka

◀)) /pashomúshka/

ORIGEN: del ruso, *pochemu*, 'por qué'.

¿Tienes algún amigo o hermanito que se la pasa pregunte y pregunte, y aunque le den las mejores explicaciones nunca deja de hacerlo? Pues un *pochemuchka* es precisamente eso: un preguntón.

El papá puso los ojos en blanco y suspiró: «Uf, ya está en la edad del pochemuchka».

popote

ORIGEN: del náhuatl *pópotl*, 'popote'.

Esta palabrota es interesantísima porque la idea de ponerle un palito hueco a tu refresco para poder beberlo más fácil y evitar derrames, originalmente proviene de la planta *Arundinella brassiliensis*, la cual posee unos tallos muy delgados y huecos y que antes se utilizaban para sorber líquidos.

Los popotes contaminan mucho los mares, por eso hay que evitar utilizarlos.

postear

ORIGEN: del inglés *post*, 'enviar'.

Es cuando compartes mensajes, fotos, música o videos en el muro de alguien o en el tuyo, en cualquier red social, sobre todo en Facebook y Twitter.

No se te olvide **postearme** el video de mi perrita revolcándose en el pasto, ¡me encantó!

pustekuchen

◀)) /pústekujn/

ORIGEN: del alemán *Puste*, 'aire caliente', y *Kuchen*, 'pastel'.

Esta palabra la puedes utilizar cuando crees que un amigo o un adulto está equivocado en sus predicciones u opiniones, sabes que dice una locura o no es nada acertado.

—¿Sabías que mañana el cielo se volverá de color rosa?

—¡Pustekuchen! Según los astrónomos, eso es imposible.

a b c ch d e f g h i j k l m n ñ o p q r s t u v w x y z

¡Chin, chan, pú!

Puedes usar esta frase cuando necesitas decidir quién va hacer algo. Deben todos agitar la mano derecha, mientras levantan el pulgar y dicen «¡Chin, chan, pú!», dependiendo si terminan dirigiendo el dedo hacia el cielo o hacia el suelo, el único que no lo haya puesto como los demás se saldrá y así, hasta que queden dos y se haga la última selección por Piedra, papel o tijeras.

queca

ORIGEN: de *quesadilla,* 'tortilla doblada a la mitad, rellena de queso u otro guisado'.

Es como llamas de manera informal a las quesadillas.

—¿De qué quieres tu **queca**?

—De queso.

quedada

ORIGEN: del verbo en español *quedar* y éste del latín *quietare*, 'descansar'.

Así le decían a una mujer que pasaba de los 20 años y aún no se había casado, ni si quiera tenía novio o un pretendiente. Actualmente no se usa esa palabra y las mujeres pueden casarse cuando quieran. ¡Fiugh!

Mi abuelita no deja de molestar a mi prima diciéndole **quedada**, y eso que todavía no termina la universidad.

quehacer

ORIGEN: de la unión del adjetivo *qué* y *hacer*.

Se le llama así a todo tipo de tarea doméstica, o sea, tender la cama, ordenar tus zapatos, lavar los trastes o aspirar la alfombra. Son trabajos extra que a veces los adultos te pueden dar cuando te has portado mal o te piden a cambio de hacerte un favor.

Después de terminar la tarea, tengo que ayudar a mi mamá con el **quehacer.**

a b c ch d e f g h i j k l m n ñ o p q r s t u v w x y z

El que se fue a la villa perdió su silla.

Cuando ya estuviste parado por mucho tiempo o te tocó el asiento más incómodo, esperas a que algún distraído se levante y ¡zaz! le ganas el lugar. Cuando venga y te reclame le dices estas palabras para quitártelo de encima.

refil

🔊 /rifíl/

ORIGEN: que viene del verbo en inglés *refill*, 'rellenar'.

Es una palabra que utilizamos cuando en algunos restaurantes te ofrecen la opción de volver a servirte comida o bebida sin pagar una cantidad extra.

¡Vamos a comer al Burgerkids, ahí tienen **refil** de refrescos!

refrigerio

ORIGEN: del latín *refrigerium*, 'refrigerio'.

Era la palabra que usaba tu tatarabuelita para referirse al *lunch* que le preparaba a sus hijos y se lo comieran en el recreo. Actualmente se sigue usando en muchos lugares.

El **refrigerio** que preparamos desde ayer en la noche se echó a perder y ya no pudimos comer nada durante todo el día.

remake

🔊 /riméik/

ORIGEN: del inglés *remake*, 'volver a hacer'.

Es una serie de televisión o una película que fue hecha muchos años atrás, pero como quizás fue todo un éxito en su tiempo, alguien, en la actualidad, decide hacer una nueva versión con efectos más padres y mejores diálogos.

¿Ya viste que va a salir el remake de *La bruja Ramira?* **Se ve que va a estar bien chafa.**

repulsivo

ORIGEN: del latín *repulsio, onis,* 'repulsión'.

Significa que produce asco. Es la sensación que te provoca ver una cucaracha merodear tu comida o cuando pisas popó en el parque. Es el sabor de la crema de brócoli o cuando ves a unos novios besándose. ¡Iugh!

Me parece repulsivo el perfume que usa mi tía-abuela. Huele a pipí de gato.

a b c ch d e f g h i j k l m n ñ o p q r s t u v w x y z

a b c ch d e f g h i j k l m n ñ o p q r s t u v w x y z

CATEGORÍA: sustantivo

resfeber

🔊 /ríesfiber/

ORIGEN: del sueco.

Es la sensación de ansiedad que te da antes de salir de viaje, pues, por no saber qué aventuras te esperarán al pueblo, playa o ciudad a la que llegarás, tu corazón late muy fuerte porque quieres anticiparte a lo que podría pasar.

Mi papá estuvo muy callado ayer antes de partir hacia Alemania. Seguro le pegó el resfeber.

154

rimbombante

ORIGEN: del italiano *rimbombare*, 'retumbar', 'resonar'.

Así le puedes decir a una palabra como ésta, que al escucharla, de tan extraña y tan pegajosa que es, se te pega y es difícil que la olvides por la manera en que suena.

Mi tío siempre hablaba con palabras **rimbombantes** porque decía que uno así sobresalía por encima de los demás. Yo no sé, pero me parecía divertido escucharlo.

robusto

ORIGEN: del latín *robustus*, 'propio de un roble'.

Muchos pensarían que esta palabrota significa gordo o rechoncho; sin embargo, es algo o alguien verdaderamente fuerte o que en apariencia es sano o saludable. Puede ser una persona muy musculosa capaz de mover un camión con el dedo chiquito o un árbol enorme que ni el viento más fuerte podría tirar.

El señor Pérez es un hombre **robusto.** Levantó el refrigerador para sacar a un pobre gatito.

a b c ch d e f g h i j k l m n ñ o p q r s t u v w x y z

La

neta del
planeta.

Neta es una expresión que usamos con frecuencia los mexicanos y equivale a decir que algo es cierto, verdadero; es como decir «en serio». También se usa cuando no podemos cree en algo que nos dicen y cuando completas esta frase con «del planeta», es que estás súper segurísimo de que algo es verdad.

sabihondo/sabiondo

ORIGEN: del latín *sapibundus*, que viene de *sapere*; es decir, 'saber', y por influencia de la palabra *hondo* surgió la variante *sabihondo*.

Cuando digas esta palabra, acuérdate de que debes utilizarla para definir a «alguien que presume ser sabio sin serlo»; los *sabihondos* son esos que quieren aparentar que saben mucho, pero en realidad no tienen tantos conocimientos.

—¿Apoco te gusta la caricatura esa del niño **sabihondo?**

—¿Cuál?, *¿El laboratorio del Ñoño?* ¡Pero él sí sabe!

safari

🔊 /safári/

ORIGEN: del swahili *safari*, y ésta del árabe *safar*, 'viaje'.

Para los africanos es cualquier viaje o recorrido, incluso si sólo vas a un mandado, pero en español se refiere a los viajes a la sabana, hechos especialmente para ver y fotografiar la vida salvaje.

Nos fuimos de **safari** a la selva Lacandona y fotografiamos a los monos araña y a las panteras.

selfie

🔊 /sélfi/

ORIGEN: del inglés *self*, 'uno mismo'.

Se refiere a una foto de nosotros mismos hecha con un teléfono inteligente, una cámara digital o una tableta, para después compartirla en internet.

Fui con mi papá a la feria y nos tomamos una **selfie** en la montaña rusa.

a b c ch d e f g h i j k l m n ñ o p q r s t u v w x y z

shleper

🔊 /eshleper/

ORIGEN: del yiddish *shlepn*, 'arrastrar', 'tironear'.

Es ese amigo al que no le gusta bañarse, quien siempre anda fodongo, despeinado y con la ropa sucia y las agujetas de los zapatos desamarradas. Es una palabra que puedes utilizar cuando alguien no cuida su aspecto personal.

Mi compañero siempre llega **shleper** a la escuela; huele mal y no le importa que lo molesten.

spoiler

🔊 /spóiler/

ORIGEN: del inglés *spoil*, 'arruinar'.

Es el típico niño que te cuenta el final de una película o de tu serie favorita; muchas veces lo hace para molestar a todo el mundo porque sabe que es de las peores cosas que le puedes hacer a alguien.

Eres el peor **spoiler** de todos. El capítulo final salió antier y no hoy. Ya todos lo vimos, así que no pudiste arruinarnos nada. ¡Ja, ja!

struisvogelpolitiek

🔊 /shtraúsh-fójopolitik/

ORIGEN: del holandés que significa 'la política del avestruz'.

Seguro has conocido a niños que hacen travesuras y cuando su mamá o la maestra les preguntan quién rompió la ventana o quién llenó de refresco el florero, ellos se hacen mensos, se esconden o dirigen la mirada hacia el cielo y nunca confiesan. Pues ese acto se parece al que hacen las avestruces cuando tienen miedo y meten la cabeza en la tierra. Por eso esta palabra.

Cuando mi abuelo nos preguntó a todos quién había ponchado las llantas de su carro, mi primo, quien hizo la maldad, se hizo struisvogelpolitiek.

a
b
ch
c
d
e
f
g
h
i
j
k
l
m
n
ñ
o
p
q
r
s
t
u
v
w
x
y
z

¡Sípirilí!
¡Noporoló!

Es una forma de decir no o sí, pero más «suavecito» y no tan aburrido.

talachear

ORIGEN: del náhuatl *tlal*, 'tierra', y del español *hacha*.

Significa poner mucho esfuerzo a una tarea que te dejaron. Esta palabra deriva de *talacho*, un instrumento pesado que se utiliza en el campo para abrir surcos en la tierra o romper raíces muy duras. Precisamente por la labor tan dura que implica utilizar esta herramienta es que se inventó esta palabrota.

A mi prima le gusta **talachear** cada final de bimestre porque le encanta estar siempre en el cuadro de honor.

tantán

ORIGEN: del sonido final que hay en muchas canciones.

Con esta palabrota puedes avisar que algo terminó, como la historia que le estabas contando a tu familia durante la sobremesa o la canción que escribiste y mostraste a alguien.

Y, **tantán,** este cuento terminó.

tarea

ORIGEN: del árabe *taríha*, 'asignación'.

Es el trabajo que te dejan en la escuela para que lo hagas en tu casa; también son las obligaciones que te asignan tus padres a cambio de un regalo.

La maestra nos advirtió que si descubría que nuestros papás nos hacían la **tarea,** nos iba a reprobar en el examen final.

tarugo

ORIGEN: probablemente del céltico *tarucon*, 'clavija'.

Es otra forma de decirle torpe a alguien, también es esa persona que se la pasa haciéndose menso todo el día sin hacer nada.

¡Mamáááá, el **tarugo** de mi hermano reseteó mi juego!

CATEGORÍA: sigla

TBH

ORIGEN: del inglés *to be honest*, 'para ser honesto'.

Son las siglas que puedes utilizar durante una conversación en mensajes de texto para decirle a un amigo que algo no te parece.

TBH, yo creo que deberías decirle la verdad a tu mamá, aunque te regañe.

CATEGORÍA: sustantivo

tejocote

ORIGEN: del náhuatl *tetl*, 'piedra', y *xócotl*, 'fruta'.

Es una pequeña fruta redonda y dura de color naranja típica de invierno. Siempre está presente en las piñatas y en el ponche que dan en las posadas; es tan importante como la caña de azúcar.

Me aventé a la piñata y no supe si lo que casi me descalabra fueron los cachos de barro o los **tejocotes.**

tingo

🔊 /tíngo/

ORIGEN: del rapanui.

¿Te has dado cuenta que tu mamá siempre se queja de la vecina que llega a tu casa a pedir cosas prestadas y nunca se las devuelve? Pues esta palabra significa eso, llevarte de la casa de un amigo los objetos que te gustan, diciéndole que luego se los devolverás, pero eso nunca sucede. Es algo así como robar, pero haciéndote menso.

Mejor no invites a esa niña, siempre que viene hace tingo con los vestidos de mis muñecas.

titipuchal

ORIGEN: del náhuatl *tlíltic*, 'cosa negra', y *putzalli*, 'montón de tierra'.

Se refiere a una muchedumbre, a un montón de gente, pero también la aplicamos para designar una gran cantidad de cosas, especialmente si están desordenadas. Se usó en la época de la Revolución Mexicana y muchos la siguieron usando durante años, aunque en estos tiempos cada vez menos personas la conocen.

Me dejaron un titipuchal de tarea.

a b c ch d e f g h i j k l m n ñ o p q r s t u v w x y z

tocayo

ORIGEN: del náhuatl *notocayo,* 'mi nombre', y éste de *tocaitl,* 'nombre'.

Quiere decir que alguien tiene el mismo nombre que tú. El dato curioso es que en inglés tienen un término similar para designar esta misma situación: *namesake.*

En el salón todos se confunden cuando pasan la lista de asistencia porque tengo tres **tocayas:** Ana 1, Ana 2, Ana 3 y yo soy Ana 4.

trolear, trol

ORIGEN: del inglés *trawling*, 'pesca de inocentes'.

Como verbo significa que alguien tiene un comportamiento ofensivo e insultante de algún usuario en redes sociales. Como sustantivo, *trol*, designa a quien le gusta molestar o burlarse de otros.

A Fulano le bloquearon su cuenta porque se la pasaba troleando a todo el mundo.

tsundoku

🔊 /súndoku/

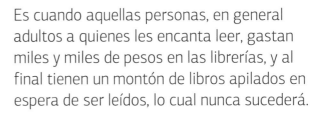

ORIGEN: del japonés *tsunde-oku*, 'empacar cosas y dejarlas para más tarde', y *dokusho*, 'lectura de libros'.

Es cuando aquellas personas, en general adultos a quienes les encanta leer, gastan miles y miles de pesos en las librerías, y al final tienen un montón de libros apilados en espera de ser leídos, lo cual nunca sucederá.

—Pasemos rápido a la librería.

—No, no. Antes resuelve tu **tsundoku** y luego hablamos.

a
b
c
ch
d
e
f
g
h
i
j
k
l
m
n
ñ
o
p
q
r
s
t
u
v
w
x
y
z

¡Jerónimooo!

Puedes gritar este nombre para darte valor cuando vas a saltar de un nivel bastante alto, pero, ¡cuidado!, eso no te salvará de una horrible fractura.

úchala

ORIGEN: tal vez de la interjección *uuuuh.*

Es la expresión que utilizas cuando algo te decepciona de manera sorpresiva. Es como decir, «¡oh, que la canción!», pero en una sola palabra.

¡Úchala! Yo pensé que saldríamos a jugar a las 6, y resultó que antes tenía que limpiar mi cuarto.

ufano

ORIGEN: del gótico *gót. ufjô,* 'abundancia', 'exceso'.

Es algo innecesario, pero también puede ser una persona soberbia, o sea, presumida y que se cree mucho.

Tus gustos **ufanos** salen carísimos, o pago tu colegiatura o tus caprichos.

uggianaqtuq

🔊 /ug-gia-nak-tuk/

ORIGEN: del inuktitut, la lengua que utilizan los inuit, una comunidad de Canadá.

Los esquimales —habitantes de las regiones árticas de América y Groenlandia— usan esta palabra bastante curiosa cuando alguien cambia, de pronto y sin razón aparente. Hace pocos años se empezó a usar también para hablar del clima, pues con el calentamiento global, el tiempo se ha vuelto como ese amigo que se comporta de forma inesperada.

¿Ahora qué tendrá éste? Está muy raro, muy payaso, como uggianaqtuq.

173

¡Hola, cara de bola.

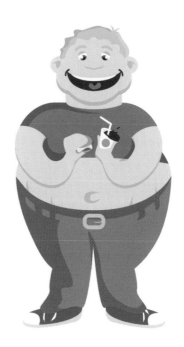

Es una forma de saludar a un verdadero amigo, pero ¡aguas! Esa persona puede contestarte: «Te apesta la cola», y podrías quedar en ridículo.

ventosidad

ORIGEN: del latín *ventus*, 'viento', y *dad*, 'cualidad'.

Significa lo mismo que 'pun', 'pedo' o 'flatulencia'. O sea, los gases que expedimos de forma natural por atrás.

A la *miss* se le escapó una **ventosidad** en la clase y todos se rieron. Pero yo me sentí mal por ella porque se puso muy triste.

viceversa

ORIGEN: del latín *viceversa*, 'invertido en el orden'.

Es algo así como decir «y al revés». La puedes utilizar cuando quieres expresar el contrario de algo, pero sin volver a decir la misma frase largotota.

Los niños pueden prestarle sus juguetes a las niñas, y **viceversa.**

vintage

🔊 /bíntash/

ORIGEN: del latín *vindemia*, 'recolección de uvas', y ésta de *vinum*, 'vino', y *demere*, 'recoger'.

Quiere decir que algo tiene la apariencia de viejo o antiguo, puede ser un mueble, un libro, un reloj o hasta ¡la forma en que alguien se viste!

Mi primo compró un sillón **vintage** en una tienda de artículos viejos, estaba lleno de pulgas y además era el hogar de una rata.

visionudo

ORIGEN: del verbo *visionar*, 'creer que lo que es mentira o ilusión es real'.

Es aquella persona que quiere llamar la atención por cómo se viste o con la forma en que platica las cosas; suele ser muy exagerado y utiliza palabras extrañas o desconocidas, a veces para demostrar algo que no es: un sabelotodo.

Deja de andar de **visionudo,** ya sabemos que no estudiaste física cuántica y que no sabes nada acerca de la nebulosa espiral.

a b ch d e f g h i j k l m n ñ o p q r s t u v w x y z

voilà

ORIGEN: del francés *voir*, 'ver', y *là*, 'ahí'.

Cuando algo tiene resultados positivos que realmente no esperabas, puedes gritar esta palabra. Literalmente significa: «mira ahí», en español podría ser: «mira, nada más» o «aquí lo tienes».

No encontraba mi lápiz desde hace una semana y ¡voilà!, estaba en el fondo de mi mochila.

voluble

ORIGEN: del latín, *volubĭlis*, 'voluble'.

Es una persona que estando feliz o de buenas, cambia su humor a uno estresado y gruñón. También es aquella que cree que la Tierra no merece su existencia tan genial.

Antes de hablarle a mi mejor amiga, pensaba que era voluble. ¡Se veía muy payasa!

Vorfreude

◀)) /fó-froide/

ORIGEN: del alemán *vor*, 'antes', y *Freude*, 'alegría'.

Es cuando te sientes emocionado porque algo padrísimo va a suceder muy pronto y lo has esperado por mucho tiempo. Como la sensación que te da cuando sabes que el 6 de enero está por llegar y recibirás regalos de los Reyes Magos.

Siempre que se acerca Navidad, siento Vorfreude porque sé que haremos intercambio de regalos.

a b c ch d e f g h i j k l m n ñ o p q r s t u v w x y z

No oigo, no oigo, soy de palo tengo orejas de pescado.

Es una frase que utilizas cuando no quieres escuchar nada de lo que te dicen. Regularmente es cuando quieren pedirte algo y tú no quieres hacerlo.

Wanderlust

🔊 /banderlust/

ORIGEN: del alemán, *Wandern*, 'caminar', y *Lust* 'alegría', 'goce', 'delicia', 'deseo'.

Es la necesidad de recorrer y explorar el mundo, pero también puede compararse con la sensación que te da conocer todos los parques de diversiones del universo.

Mi papá tuvo un gran Wanderlust durante toda su juventud hasta que se casó con mi mamá.

whatsappear

🔊 /guatsapeár/

ORIGEN: del inglés *What's up*, '¡Qué onda!'.

Se refiere a la acción de intercambiar mensajes con tu familia o amigos por medio de la famosa aplicación WhatsApp. Según los criterios de ortografía de la lengua española, la letra w representa el sonido *gu*, por lo que también puedes decir guasapear.

En la noche te **whatsappeo** para contarte lo que pasó.

WIGO

ORIGEN: del inglés *What's going on?*, '¿Qué pasa?'.

Así puedes escribirle a algún amigo de quien no has tenido noticias en mucho tiempo; también cuando quieres enterarte de algo, pero no sabes lo que está sucediendo.

En una conversación en el celular:

—¡¿Adivina de qué me enteré?!

—**WIGO.**

a b c ch d e f g h i j k l m n ñ o p q r s t u v w x y z

¡Lero, lero!

Con esta frase puedes hacerle burla a alguien a quien le pasó algo malo o que quizá se lo merecía, como ese niño que copió en el examen y sacó diez, pero una semana después la maestra lo descubrió y le puso cero y mandó llamar a sus papás.

X

xoquía

ORIGEN: del náhuatl *xoquiyayaliztli,* 'olor fétido'.

Puedes pronunciarla de dos formas: *choquía* o *zoquía,* las dos significarán lo mismo, un olor apestoso y muy desagradable, como a huevo podrido. Tal vez tu mamá la dice cuando va a tomar agua en un vaso de vidrio y se da cuenta de que alguien lavó mal los trastes.

Tus pies huelen a **xoquía,** ¡peor que a trapo viejo, peor que a chones sucios!

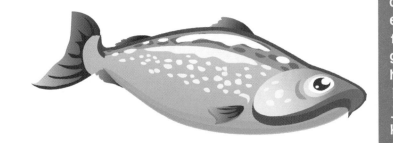

Pásala
si no te
embarazas.

En tiempos de tus papás, se utilizaba esta frase para empezar a jugar en el momento menos esperado; era algo así como jugar a *Lastrais*, pero sin tener que correr tanto.

yandere

🔊 /yandére/

ORIGEN: del japonés *yanderu*, 'estar loco', y *deredere*, 'enamorado'.

Es ese tipo de niños que suelen tener una cara muy bonita, pero lo que tienen de bello, lo tienen de contestones, desobedientes y enojones ante todo el mundo. En pocas palabras, es un niño mustio y principalmente malvado.

Eres toda una yandere. No creas que con esa cara dulce esconderás lo desobediente que eres.

yeyé

ORIGEN: del inglés *yeah, yeah*, 'sí, sí'

Es un tipo de música que bailaban tus abuelos en los años 60. Las mujeres usaban diademas muy gruesas que siempre combinaban con el color de sus vestidos y unos zapatos altísimos.

Mi mamá siempre cuenta que mis abuelitos se conocieron bailando música yeyé.

YOLO

ORIGEN: del inglés *you only live once*, 'sólo se vive una vez'.

Cuando traes actitud valiente y el miedo al ridículo desaparece, como para gritarle a un desconocido que tiene cara de perro, puedes usar esta palabrota.

Ándale, te reto a que te comas una lombriz, al fin que YOLO.

youtuber

ORIGEN: del nombre de la plataforma virtual *YouTube*.

Es un blogger, pero la diferencia es que su contenido lo muestra en forma de videos. Suelen ser súper divertidos y entretenidos.

¡Los youtubers son muy intrépidos! A mí sí me daría pena que me vieran en Internet.

a b c ch d e f g h i j k l m n ñ o p q r s t u v w x y z

Cébalo, cébalo, burro panzón.

Es un conjuro que puedes decir en el instante previo en el que otro jugador va a tirar los dados. Esto ayudará a que sales sus dados o su buena suerte, haciéndolo perder.

Z

zacate

ORIGEN: del náhuatl *zácatl*, 'zacate'.

Así se llaman a las hierbas secas que son utilizadas para dar de comer a las vacas en las granjas o las que usan para fabricar los estropajos que utilizas para quitar la mugre de tu piel cuando te bañas.

A mí no me gusta utilizar el **zacate** cuando me baño porque me rasguña la piel.

zafado

ORIGEN: del español *zafar*, y ésta de *azāha*, 'quitar'.

Así se le llama a alguien que no habla más que incoherencias y cosas sin sentido.

Mi compañera está bien **zafada,** dice que sus crayones están hechos con cera de la Luna y las hojas de sus cuadernos son de árboles galácticos.

zaguán

ORIGEN: del árabe *ustuwān*, 'pasillo'.

Es la puerta de una casa que da directo a la calle. Puede ser de una extensión muy grande, porque a través de éste entran los autos a una propiedad.

El fin de semana mi papá le puso aceite a las llantas del **zaguán** porque ya era muy difícil abrirlo cada vez que metían el coche.

zangolotear

ORIGEN: de la onomatopeya *zangl*, del sonido parecido a cuando algo se agita.

Significa agitar a alguien, tomándolo por los hombros como acción de estar desesperado.

No permitas que un adulto te **zangoloteé,** va en contra de tus derechos como niño.

a
b
c
ch
d
e
f
g
h
i
j
k
l
m
n
ñ
o
p
q
r
s
t
u
v
w
x
y
z

zopilote

ORIGEN: del náhuatl *tzohpílotl,* 'zopilote'.

Es uno de los pájaros más feos, pero más necesarios en la cadena alimenticia. Son pájaros carroñeros que se alimentan de los cadáveres de otros animales. También puedes usar esta palabrota para referirte a una axila maloliente, pues como el animal se alimenta de cosas muertas, huele horrible, igual que una axila sin desodorante.

¡Fuchila! Te huele el **zopilote.**

zoquete

ORIGEN: del celta *tsucca.*

Es la persona con cualidades bobas, aquel que siempre la riega o mete la pata.

¡Estás bien **zoquete**! ¿Por qué le dijiste a nuestra hermana que nos comimos todos los barquillos de su fábrica de helados? Nunca nos la volverá a prestar.

Anexo

Palabras más
largas
del español

anticonstitucionalmente —23 letras.
Acción que va en contra de lo que establece una constitución. Por ejemplo, el artículo 3º de la Constitución Política de México dice que todos tenemos derecho a la educación. Si alguien nos niega ese derecho, está actuando anticonstitucionalmente.

electroencefalografista —23 letras.
Especialista que realiza electroencefalogramas, que son una especie de radiografías del cerebro.

esternocleidomastoideo —22 letras.
Músculo que tenemos a los lados del cuello. Si volteas tu cabeza hacia un lado, puedes sentir con tus manos cómo se endurece, más o menos desde tus orejas hasta los huesos redondos del pecho, que se llaman clavículas.

contrarrevolucionario —21 letras.
Algo o alguien que está en contra de la revolución. Por ejemplo, si un país tiene un gobierno malo, la gente puede hacer una revolución para empezar uno nuevo. Si a alguien no le gusta esa revolución es un contrarrevolucionario.

otorrinolaringología —20 letras.
Rama de la medicina que se encarga de tratar y prevenir las enfermedades las vías respiratorias, el oído, la nariz y algunas partes de la cara y el cuello.

Palabras con
todas
las vocales

arquitecto

Persona que trabaja planeando y haciendo edificios. Los albañiles son sus principales compañeros.

boquinegra

Así se les dice a los perros y a los gatos que tienen el hocico negro, pero cuando el color de su pelaje es contrastante, o sea, blanco, café claro, crema, gris...

hormiguear

Sensación de tener hormigas caminando sobre tu pierna o brazo, sucede cuando la sangre dejó de pasar por ahí y por eso «se te duerme».

lengüicorta

Persona tímida a la que no le gusta hablar, esa a quien siempre le dicen que un ratón le comió la lengua.

meticulosa

Es una niña, similar al tiquismiquis, que se fija mucho en el proceso de cómo hacer algo. Es muy limpia y ordenada, no le gusta cambiar los pasos del plan original.

paquidermo

Palabrota que califica a aquellos animales de piel gruesa como el jabalí, el elefante o el hipopótamo.

Números en las
palabrotas

centrifugados —tiene **una** letra diferente por sílaba y ninguna llega a repetirse. Es cuando la lavadora ya exprimió tus pantalones de la escuela. Ahora que tu mamá pregunte por qué salieron casi secos, podrás responderle: «Es que ya están centrifugados, mamá».

aristocráticos —todas las letras que la forman se repiten **dos** veces.
En la época de los reinos y las coronas, se le decía así a la gente que pertenecía a una clase social privilegiada, aquellos con sangre azul. Ahora se refiere a las personas que tienen muy buenos modales, son educados y ordenados en cualquier situación.

oía —tiene **tres** sílabas en sólo tres letras. Es el acto de oír, pero que fue interrumpido por otra acción.

pedigüeñería —es la palabra que tiene los **cuatro** firuletes de nuestro idioma; es decir, el punto de la i, la diéresis de la u, la virgulilla de la ñ y el acento: i, ü, ñ, í. Se refiere a la acción que realiza el pedinche: pedir, pedir y pedir en exceso y a quien sea.

ferrocarrilero —la única palabra con **cinco** erres. Persona que cambia el sentido de las vías por donde pasa un tren, o sea el ferrocarril.

Palabras sólo con A

avalancha
Puede ser una patineta con volante y freno o también cuando de una gran montaña se desprende una gran cantidad de nieve y, a su paso, todo queda enterrado.

baraja
Conjunto de cartas que puedes usar para hacer magia, jugar póquer o solitario, en caso de que un día tus amigos no puedan salir a jugar.

carcajada
Risa incontrolable y muy ruidosa que sale de la boca de alguien que escuchó el mejor chiste jamás inventado.

maraca
Sonaja hecha con una calabaza rellena con granos de maíz o frijoles. Su sonido característico acompaña varias canciones mexicanas y sudamericanas.

Palabras sólo con E

efervescente
Sustancia que se disuelve en el agua y al momento de hacerlo libera mucho oxígeno y por eso burbujea.

emprender
Es tener una idea sobre algo y hacerla realidad, como Cristobal Colón cuando exploró el mar.

mequetrefe
Persona metiche, presumida e inútil. Se dice que viene del árabe *qa' rás* y significa 'el de andares ufanos'.

merengue
Crema dulce con que adornan los pasteles; está hecha con huevos y azúcar. También son dulces un poco duros y porosos que puedes ganarte por un volado.

merequetengue
Es una pelea o una discusión.

Palabras sólo con I

bikini
Traje de baño que utilizan las mujeres en las albercas y en la playa. Consta de dos piezas.

chiquitín
Además de peque, chavito, huerco, chiquillo o mocoso, así es como al menos una vez te ha llamado de cariño un adulto.

kikirikí
Sonido que reconocerás muy fácil en las mañanas porque te avisa que ya casi va a salir el sol: el canto del gallo.

pitiminí
Es algo que tiene muy poco valor, como los calcetines que te regalan en Navidad.

tiquismiquis
Persona quisquillosa que se preocupa mucho y que siempre tiene algo de qué quejarse.

Palabras sólo con O

goloso
Persona a quien le encantan los sabores dulces como un postre de frutas con tres cucharadas de azúcar, una montaña de crema batida, chispas de chocolate con chochitos y un poco de miel.

gorgojo
Es un pequeño insecto al que todos odian porque se come las cosechas de cereales como el frijol.

modorro
Sensación posterior al despertar, que te hace sentir como un zombi y no puedes captar todo lo que te dicen. Sabes que ya estás despierto, pero aún te sientes dormido.

ponzoñoso
Así se le dice a los animales e insectos que al picar tu piel, además de hacerte una roncha, pueden traer ponzoña, o sea, veneno.

Palabras sólo con U

cucurucú

Sonido que hacen las palomas afuera de las iglesias y en los parques, mientras esperan a que un buen samaritano les aviente algunas migajas de bolillo.

cuscús

Es la terrible sensación que te causa algo que te da miedo y te hace meterte debajo de la primera cobija que encuentres para esperar a que el espanto pase. Cuando se utiliza como pregunta, se está retando a la persona a hacer algo que parece causarle temor. Para enfatizar la expresión se muestra una mano con los cinco dedos extendidos uniéndose y separándose rápidamente.

chupulún

Casi lo mismo que un chapuzón, o sea, arrojar algo al agua o lanzarse uno mismo, y cuando esto pasa se crea el sonido: «¡CHUPULÚN!».

tuntún

Es parte de la frase «al buen tuntún» y se refiere a hacer algo de forma inmediata y sin pensarlo dos veces.

tururú

Sonido del metro de la ciudad cada que anuncia la llegada a una estación.

Ilustradores

Óscar Augusto Ambriz Reza
15, 46, 140, 165, 176

Jorge Ángeles Marcial
160

Ma. Fernanda Díaz
132

Bibiana González Gutiérrez
177

Michelle González
114, 149

Alejandra Hernández Mosti
33, 129, 158, 168

Jessica Iniesta López
13, 15, 19, 37, 88, 101, 138

Rosalba López
57, 109, 167

Miguel Núñez Franco
143

Alejandra Santoy Sánchez
191

Rodrigo Toledo
74, 79

Gloria Torres
30, 53

Tania Vázquez
117

Lucero Vázquez
144, 178

Acervo Algarabía
17, 18, 32, 47, 50, 64, 65, 66, 69, 92, 104, 108, 119, 125, 135, 141, 142, 145, 148, 152, 173, 183, 194

iStock
38, 61

Pixabay
12, 14, 16, 20, 22, 23, 24, 25, 27, 28, 29, 33, 34, 36, 40, 41, 42, 43, 44, 48, 49, 51, 52, 54, 56, 58, 59, 60, 62, 66, 68, 70, 72, 73, 75, 76, 78, 80, 82, 84, 86, 87, 89, 93, 94, 95, 96, 98, 99, 100, 102, 106, 110, 111, 112, 120, 122, 123, 124, 126, 130, 133, 134, 136, 139, 146, 150, 154, 155, 156, 161, 162, 164, 169, 170, 172, 174, 179, 180, 182, 184, 186, 188, 192, 195, 196

COLOFÓN

Este libro fue impreso y terminado en la India.
Se formó con las familias PF Centro Sans Pro y Teen.

EQUIPO EDITORIAL
Dirección editorial: María del Pilar Montes de Oca Sicilia
Dirección de arte: Victoria García Jolly
Edición: Fernando Montes de Oca Sicilia
Edición y corrección: Bricia Martínez Martínez
Diseño editorial: Jovany Cruz Flores
Compilación y redacción: Alejandra Santoy Sánchez
Asistente editorial: Anna Martínez Almazán
Colaboradores: Tania Carmona, Ilah Alexandra De la Torre Ávila,
María Luisa Durán Almazán, Silvia Espinoza, Victoria García Jolly, Erandy Márquez,
Vanesa Mena, Said Nájera, Scarlet Rubí Reyes y Rodrigo Velázquez Moreno